"双奥之城"
北京与奥林匹克

主　编　聂东风
副主编　徐耀铎　王小乐

西北工业大学出版社

西安

图书在版编目(CIP)数据

"双奥之城"北京与奥林匹克 / 聂东风主编. — 西安：西北工业大学出版社，2021.1
ISBN 978-7-5612-7556-6

Ⅰ.①双… Ⅱ.①聂… Ⅲ.①奥运会-高等学校-教材 Ⅳ.①G811.21

中国版本图书馆 CIP 数据核字(2021)第 024939 号

"SHUANG AO ZHI CHENG" BEIJING YU AOLINPIKE
"双奥之城"北京与奥林匹克

| 责任编辑：隋秀娟 | 策划编辑：梁 卫 |
| 责任校对：万灵芝 | 装帧设计：董晓伟 |

出版发行：西北工业大学出版社
通信地址：西安市友谊西路127号　　邮编：710072
电　　话：(029)88491757，88493844
网　　址：www.nwpup.com
印 刷 者：广东虎彩云印刷有限公司
开　　本：710 mm×1 000 mm　　1/16
印　　张：13
字　　数：255 千字
版　　次：2021年1月第1版　　2021年1月第1次印刷
定　　价：39.00元

如有印装问题请与出版社联系调换

前　言

  2008年北京奥运会中国军团本土作战，一举夺得51枚金牌，高居金牌榜首位，是奥运历史上首个登上金牌榜首的亚洲国家。时任国际奥委会主席萨马兰奇评论北京奥运会是所有奥运会中最好的一届奥运会。北京奥运会对于提升中国的国际声望、强化民族认同感、增强社会凝聚力等方面具有重要作用，加速了中国社会发展进程。2015年7月31日，北京又获得2022年冬季奥运会的主办权，成为奥运史上第一个既举办过夏季奥运会又主办冬季奥运会的"双奥之城"。随着北京冬季奥运会的临近，奥林匹克运动在中国又掀起新一轮高潮。作为奥林匹克运动教育主体的青年人自然是倍加关注奥林匹克，对奥林匹克相关知识的需求也逐步扩大。

  奥林匹克运动是在奥林匹克主义指导下，以奥林匹克庆典为主要内容，促进人的生理、心理及社会道德全面发展的国际社会运动。自现代奥林匹克运动诞生开始，青年云集的大学与奥林匹克运动就有着不可分割的联系。从第1届雅典奥运会美国哈佛大学学生詹姆斯·康诺利以13.71米的成绩，创男子三级跳远的纪录，成为现代奥运会历史上的第一个冠军，经1912年第五届奥运会奥林匹克青年营建立等事件的发展，到2008年北京奥运会众多大学生志愿者和运动员参与，大学生已然成为奥林匹克运动的主体。这为有效保障奥林匹克运动宗旨得以实现奠定了基础，即通过开展没有任何形式的歧视并体现奥林匹克精神——互相理解、友谊、团结和公平竞争的精神——的体育活动来教育青年，从而为建立一个和平而更美好的世界作出贡献。

  随着现代奥林匹克运动的不断发展，其教育价值地位日渐显赫。我国在1993年体育院校开设了"奥林匹克运动"课程。2001年申奥成功后，作为落实北京"人文奥运"的一部分，又在相关中小学推行奥林匹克运动教育，传播奥林匹克运动知识。在部分大学中，也以选修课、专题的形式开展了奥林匹克运动教育。

  笔者在进行了十八年奥林匹克运动教育教学的基础上，对相关讲义和《北京奥运会与奥林匹克运动》教材进行了修校，充实了北京冬、夏季奥运会筹办、举办等内容，汇编成本书，旨在为传播奥林匹克知识以及奥运会本土化服务。本书的主要特点有二：

  第一，主题鲜明，内容翔实。本书不仅涵盖奥林匹克运动发展史、三大体系以及奥林匹克与现代社会等内容，还对北京夏季奥运会、冬季奥运会进行了详细的介绍,以期使读者更加系统地掌握奥林匹克运动知识。

第二,图文并茂,力求知识性与趣味性的统一。本书收集了奥林匹克运动相关图片 100 余幅,力求让读者对奥运会有更为直观的认识。另外,在每一章后有相关奥运趣闻的延伸阅读,使读者在趣味阅读中系统了解、掌握奥林匹克运动知识。

本书不仅可以作为普通高校大学生选修课教材,也可作为传播奥林匹克知识的大众读本。书中引用了一些奥林匹克运动的相关研究成果和图片,对于作者和拍摄者在此一并致谢。同时,也感谢西北工业大学教材委员会和出版社的大力支持。

本书由聂东风担任主编,王小乐负责编写上篇,聂东风负责编写中篇,徐耀铎负责编写下篇。全书由聂东风负责统稿。

由于时间紧迫以及笔者水平所限,书中疏漏之处在所难免,希望读者批评指正。

编 者

2020 年 11 月

目 录

上篇　奥林匹克运动史与体系

第一章　奥林匹克运动史 …………………………………………………… 3
　第一节　古代奥林匹克运动 ……………………………………………… 4
　第二节　现代奥林匹克运动 ……………………………………………… 7
　第三节　奥林匹克运动的发展趋势 …………………………………… 23
　思考题 ………………………………………………………………… 28
　延伸阅读 ……………………………………………………………… 28

第二章　奥林匹克运动三大体系 ……………………………………… 29
　第一节　《奥林匹克宪章》 ……………………………………………… 30
　第二节　奥林匹克运动的思想体系 …………………………………… 32
　第三节　奥林匹克运动的组织体系 …………………………………… 36
　第四节　奥林匹克运动的内容体系 …………………………………… 39
　思考题 ………………………………………………………………… 40
　延伸阅读 ……………………………………………………………… 40

第三章　悉尼与雅典奥运会 …………………………………………… 42
　思考题 ………………………………………………………………… 53
　延伸阅读 ……………………………………………………………… 54

中篇　奥林匹克运动与现代社会

第四章　奥林匹克运动与文化 ………………………………………… 57
　思考题 ………………………………………………………………… 67
　延伸阅读 ……………………………………………………………… 68

第五章　奥林匹克运动与政治 ················· 69
　　思考题 ··· 74
　　延伸阅读 ····································· 74

第六章　奥林匹克运动与经济 ················· 76
　　思考题 ··· 83
　　延伸阅读 ····································· 83

第七章　奥林匹克运动与现代高科技 ········ 85
　　思考题 ··· 96
　　延伸阅读 ····································· 96

下篇　中国与奥林匹克运动

第八章　中国奥林匹克运动史 ················· 99
　　思考题 ··· 114
　　延伸阅读 ····································· 114

第九章　北京夏季奥运会 ························ 116
　　第一节　北京夏季奥运会的申办 ········ 117
　　第二节　北京夏季奥运会的筹办 ········ 125
　　第三节　北京夏季奥运会的举办 ········ 143
　　思考题 ··· 149

第十章　北京冬季奥运会 ························ 150
　　第一节　中国冬季奥运会史 ·············· 150
　　第二节　北京冬季奥运会的申办 ········ 156
　　第三节　北京冬季奥运会的筹办 ········ 160
　　思考题 ··· 171

参考文献 ··· 172

附录 ··· 174
　　附录一　中国夏季奥运会金牌榜 ········ 174

附录二	中国奥林匹克委员会章程 …………………………… 183
附录三	奥林匹克标志保护条例 ……………………………… 188
附录四	北京市教育委员会　北京市体育局　北京冬奥组委新闻宣传部关于实施北京2022年冬奥会和冬残奥会北京市中小学生奥林匹克教育计划的意见 …………………………… 191
附录五	历届夏季奥运会基本情况 …………………………… 196
附录六	历届冬季奥运会基本情况 …………………………… 197

后记……………………………………………………………… 199

上篇　奥林匹克运动史与体系

第一章　奥林匹克运动史

【内容提要】

　　本章内容主要为奥林匹克运动的渊源和发展,涉及古代奥林匹克运动的盛衰影射的古希腊文明史,现代奥林匹克运动产生影射的工业革命后社会文明,现代奥林匹克运动发展影射的20世纪两次世界大战前、后的世界发展史,以及奥林匹克运动当前面临的挑战。诸如反映古希腊人渴望和平的"奥林匹克神圣休战"、点火炬仪式是祭祀普罗米修斯为人类勇盗火种等神话,可以使大学生的心灵受到震撼,情操得以提高。在奥林匹克运动格言"更快、更高、更强"和名言"重要的是参加,而不是取胜"的奥林匹克思想体系鼓舞下,历届奥运会发生了许多感人肺腑的故事、趣闻,可以使大学生的心理品质得以升华。而通过讲解历届奥运会的举办城市和国家,可以增强大学生对东西方文化差异的理解。即通过奥林匹克运动教育,提高大学生体育人文素质,同时提升大学生的心理品质与道德标准,使得大学生人文素质整体得到提高。

【学习目标】

　　1. 了解古代奥运会产生的社会历史条件。
　　2. 名词解释:奥林匹克神圣休战条约。
　　3. 了解古代奥运会的发展以及衰落原因。
　　4. 掌握现代奥运会产生的背景及创始人。
　　5. 简要了解现代奥运会发展的几个阶段及特点。
　　6. 了解现代奥林匹克运动发展的趋势。
　　7. 了解"奥运减肥计划"的前景。

【关键词】

　　奥运会　顾拜旦　发展时期　趋势

第一节 古代奥林匹克运动

1. 古代奥林匹克运动的兴起

古代奥运会产生于古希腊。古希腊地理位置优越,古希腊人更是喜爱竞技运动。古希腊人有着丰富的宗教习俗活动和宗教神话传说,并以祭祀竞技赛会的形式表示对奥林匹亚诸神的膜拜,尤以对祭祀诸神之王宙斯的奥林匹亚竞技赛会为最。

雅典卫城

奥林匹亚位于希腊首都雅典西南 300 公里的阿尔菲斯河畔丘陵地区,是古奥运会的发源地和永久举办地。这里群林叠翠,莽莽苍苍,茵茵绿草,漫山遍野。这个景色秀丽、环境幽静的山村,昔日是著名的宗教祭祀地,不仅有赫拉、宙斯神庙及奥运会创始人伯罗普斯的墓,还有世界七大珍奇之一的宙斯雕像,以及宏伟的体育竞技场。奥林匹亚竞技赛会每四年举行一次,在夏至后第二次或第三次月圆时举行。直到 1881 年,经过德国柏林大学库尔季斯率领的考察队 6 年的发掘,奥林匹亚古奥运会遗址才得以重见天日。其后在此修建了奥运会博物馆,奥林匹亚遂成为全球旅游胜地。

公元前 9 世纪—前 8 世纪,古希腊数百个独立的城邦之间战事频繁。集会比武是选拔士兵的手段,也是城邦显示自己优越性的一种方式。斯巴达人是这方面的急先锋。这个城邦人口不多,但民风强悍,不事生产,专以掠夺、侵略为业,儿童从 7 岁起,就由国家抚养,从事体育、军事训练,过着兵营生活。可以说,战争促进了希腊体育运动的开展。但人们开始厌恶不断毁人家园、夺人子女、相互残杀的战争,渴望和平的生活环境,渴望有休养生息的机会。于是,为准备兵源的军事训练,为准备兵源的体育竞技,逐渐变为和平与友谊的运动会——古希腊运动会。

古代奥运会比赛场地遗址

宙斯神庙

公元前884年,斯巴达人为吞并伊利斯城邦人占据的奥林匹亚而发动战争,在久攻不下后,两国国王签订了《奥林匹克神圣休战条约》。条约规定,在奥运会举办期间,奥林匹亚不允许有任何战争行为发生,也不允许带武器进入此地。所有通往奥林匹亚的道路任参加奥运会的人自由往来,任何人不得阻拦,否则就是违背神意。休战期为1个月,后由于地中海沿岸的希腊殖民城邦也参加奥运会而将赛程延长至3个月。

公元前776年,首届古代奥运会在奥林匹亚得以举行。但实际开始时间要比这早得多,地点也不仅仅是奥林匹亚。大约公元前1100年左右,在科林斯、雅典以及包括奥林匹亚在内的许多地方,祭典祈祷仪式之后,进食时,都伴有舞蹈歌咏和体育竞技。公元前776年后,在奥林匹亚举行的运动会,也只是希腊四大运动会之一。另外三个是:皮西安运动会,举办地在泽尔菲,祭奉太阳神阿波罗;伊斯米安运动会,地点在科林斯,祭奉海神波塞冬;尼米安运动会,原为纪念希腊王子奥佩利夫斯而举办,后改为祭祀宙斯,与伊斯米安运动会在科林斯轮流举行。不过这三个运动会远不如奥林匹亚的规模大,影响深,且后来日趋衰落,不太为人所知晓。因此,人们谈到古希腊运动会,专指在奥林匹亚进行的体育竞技。

2.古代奥运会的鼎盛及衰落

古代奥运会自公元前776年的第1届至公元394年,历时1170年,共举行了293届。其历程可分为三个阶段:公元前8世纪—前6世纪,古代奥运会发展期;公元前6世纪—前4世纪,古代奥运会鼎盛期;公元前4世纪—4世纪,古代奥运会衰落期。

第1届古代奥运会仅有一个比赛项目,距离为一个"斯泰德"(约为192.27米)的场地跑。尽管比赛项目少,但毕竟是个良好的开端,自此,规定四年举行一次。初期的竞赛项目不多,所以前22届举行时间仅一天。后来随着比赛项目的增加,又延长为两天。在第13届后,陆续增加了中长距离跑、五项竞技运动、角力、拳击、战车赛、混斗、赛马、武装赛跑。第37届增加少年比赛项目后,时间又延长到五天。其中第一天是开幕式,举行献祭和宣誓仪式;第二、三、四天是比赛的具体内容;第五天是闭幕式,举行发奖和敬神活动。古代奥运会达到它的鼎盛时期。运动员经过10个月艰苦的训练,赛前在伊利斯集训1个月后方能参加比赛。奥运会成为真正的全民族的节日盛典,其内容以体育竞技为主题,还有政治、经济、文化等活动。其优胜者享有很高的荣誉,在回到自己城邦时会受到隆重热烈的欢迎,并能得到丰厚的物质奖励。

点燃圣火

公元前 4 世纪,马其顿征服希腊,古代奥运会的规模开始缩小,受人们关注的程度开始下降。公元前 146 年,罗马人征服了希腊,古代奥运会进一步衰落。奥运会成为罗马奴隶主消遣取乐的观赏会。他们肆意增加了罗马人与兽的比赛项目,此时,古代奥运会已面目全非。325 年,君士坦丁大帝下令毁了阿尔菲斯体育场。394 年,罗马皇帝狄奥多西立基督教为国教,宣布古代奥运会为"异教"。至此,历时 1170 年的古代奥运会随着古奴隶制的衰亡而销声匿迹了。

古代奥运会虽然消亡了,但它留给人类社会一笔宝贵的文化财富。它历经 1000 余年的实践,在体育的功能、德智体美的关系、运动生理以及运动道德等方面积累了丰富经验,也创造了大型综合比赛大会的组织模式。更为可贵的是,它所推崇的和平、友谊、公平竞争、追求人体健美以及奋进精神形成的"奥林匹克精神"价值体系,不仅促进了当时人类社会的发展,而且为现代奥林匹克运动的复兴奠定了坚实的思想基础。当然,古代奥运会剥夺奴隶参加奥运会的权利,禁止妇女参加、观看比赛等规定,也有着明显的时代、阶级局限性。

第二节 现代奥林匹克运动

一、夏季奥林匹克运动会

1. 现代奥林匹克运动的复兴背景

19 世纪工业革命后,欧洲各国逐渐从注重体育的军事效能转移到注重体育的健身娱乐功能。人们需要在快节奏的都市化生活中寻求一种娱乐性的身体运动,此时,一些新的竞技运动项目迅速发展。在 19 世纪后半叶,自由资本主义向垄断资本主义过渡。随着世界市场的形成,民族间壁垒被打破,体育也超越国界,形成了东西方体育以及其他不同类型体育交流融合的体育国际化大趋势。

在世界各地均有复兴奥运会的尝试。1834 年 7 月和 1838 年 8 月,瑞典人斯卡图教授着手在赫里辛鲍尔格附近的拉姆列斯举办了两次纪念古奥运会的运动会。在英国、加拿大也有类似的运动会。1859 年,希腊本土第 1 届泛希腊奥运会在新建的雅典体育场举行。1870 年和 1875 年又先后举办了第 2 届、第 3 届泛希腊奥运会。随着 1881 年德国柏林大学库尔季斯教授率领的考察队发掘奥林匹亚古奥运会遗址的成功,建立一个综合性的国际体育交流大舞台,建立一个协调各单项组织活动的国际体育组织,以与奥林匹克运动会的复兴相融合,便顺理成章了。

2. 顾拜旦与第 1 届现代奥运会

皮埃尔·德·顾拜旦(1863—1937),现代奥林匹克运动创始人,被誉为"现代奥林匹克之父",1863年1月1日生于巴黎的一个贵族家庭。青年时代喜爱古希腊史,关心法国的教育。早在1883年就提出定期举行世界性体育竞赛,恢复古代奥林匹克运动会的主张。1888年任法国学校体育训练筹备委员会秘书长,但他的倡议却受到许多学校守旧派教师的冷淡对待。他并不气馁,仍奔走呼号,发表文章,宣扬奥林匹克精神。1892年,法国体育协会在巴黎索邦神学院(巴黎大学前身)的阶梯剧场召开大会,庆祝该协会成立50周年。顾拜旦在会上发表了"复兴奥林匹克运动"的著名演说,提出创办现代奥运会的建议。在他的坚持和筹措下,以复兴奥林匹克运动会为目的的巴黎国际体育会议得以召开。1894年6月16日,国际体育运动代表大会在巴黎索邦神学院开幕,到会代表79人,代表着12个国家的49个体育组织,有2000人参加了开幕式。大会通过了《复兴奥林匹克运动》的决议,并于6月23日正式成立国际奥林匹克委员会(简称"国际奥委会"),顾拜旦当选为国际奥委会的秘书长。他亲自起草、制定出国际奥委会的第一部宪章。这部宪章体现了古代奥林匹克运动的传统精神和现代奥林匹克运动的创新精神,树立了体育在教育事业中和在现代文明中的崇高地位。

1894年6月,经过巴黎国际体育会议协商,历史名城雅典赢得了首届现代奥运会的主办权。

巴黎国际体育会议结束以后,国际奥委会第一任主席泽维凯拉斯将召开奥运会的喜讯带回了雅典。但在他会晤希腊首相特里库皮斯时,首相提出,因经费问题,要求缓办奥运会。顾拜旦得知这一消息后,心急如焚,是年10月底,他到达雅典。在同特里库皮斯首相交谈时,两人不欢而散。特里库皮斯首相的行为遭到在野党的指责,也引起了雅典市民的不满。顾拜旦是一个意志顽强的人,并未因此而悲观失望。当时正值希腊国王乔治一世出访俄国彼得堡未归,于是他抱一线希望求助于希腊王储。

希腊王储康士坦丁,是一个26岁的英俊青年,精力充沛,喜爱运动,他听完顾拜旦的诉说后没有立即表态。学识渊博的顾拜旦随后与王储谈到1821年希腊反抗土耳其统治的起义;谈到了英国诗人拜伦为了希腊人民的自由,带着病残之躯,横渡海洋,远赴希腊,参加那次正义战争,最后献出了自己年轻的生命;谈到了在那次残酷战争中30万希腊人为了活下来的60万同胞能做自己命运的主人,义无反顾直至洒下了最后一滴鲜血……最后,顾拜旦满怀激情地说:"因此,我对这样的希腊满怀信心。"

王储显然被顾拜旦的情绪感染了,他接管了筹备奥运会的一切工作。这引起了首相的强烈不满。国王乔治一世回国后,又公开支持王储,使特里库皮斯失宠而辞职。一国高级官员因奥运会主办问题辞职,这在奥运史上是仅有的一次。

筹备工作中的最大障碍是资金问题。希腊人通过募捐募集了33万多德拉玛,发行世界上第一套奥林匹克邮票也筹集了不少资金,但运动会能顺利召开,最后还得力于希腊富商乔治·阿维罗夫(1814—1899)赠献的100万德拉玛巨款,在古运动场的废墟上重建了大理石运动场。第1届奥运会克服重重困难,终于在1896年4月6日开幕了。希腊国王乔治一世宣布了大会开幕。在开幕典礼中,演奏了一曲庄严的古典弦乐,1958年国际奥委会将它定为奥运会会歌。第1届奥运会共有美国、法国和东道主希腊等13个国家的311名运动员参赛,设有田径、游泳等9个比赛项目。自此,掀开了风云涌动的现代奥林匹克运动赛会的序幕。

1896年国际奥委会首届会议

顾拜旦在第1届奥运会之后当选为国际奥委会主席。他曾直接参与筹备1896—1924年期间举行的历届奥运会,并发表了著名的诗作《体育颂》《运动心理学试论》《竞技运动教育学》等。他于1925年辞去国际奥委会主席的职务,并被推戴为终身名誉主席,1937年9月2日病逝于日内瓦。这位现代奥林匹克运动的鼻祖,病逝后仍把他的一切献给了奥林匹克事业。根据他本人的愿望,他的遗体葬于国际奥委会总部所在地洛桑,而心脏则葬在奥林匹克运动的发源地——奥林匹亚的科罗努斯山下。在那里,人们为他竖立了一座大理石的纪念碑。

3. 奥运会复兴期(1894—1908)

1896年第1届现代奥运会沿袭古奥运会传统,未设集体项目,没有女子选手参加。1900年法国巴黎奥运会、1904年美国圣路易斯奥运会、1908年英国伦敦奥运会均因为资金问题,与世界博览会同时举行,受到后者严重干扰。现代奥林匹克运动从诞生起,就在为寻求它自己独特的适合自己发展的奥林匹克模式而苦苦抗争。

顾拜旦雕塑

第一位现代奥运会冠军——美国的詹姆斯·康诺利

在此时期,奥运会处于艰难的探索期。在比赛项目的设置上,逐届均有较大的变动。而且,主办国可以临时取消一些比赛项目,项目设置的稳定性较差。比赛的场地也没有统一的标准,设计也欠合理。像游泳比赛,最初安排在天然水域,第1届安排在雅典的海港,第2届安排在巴黎的塞纳河,第3届在圣路易斯的人工湖,第4届在运动场内挖了个100米长、17米宽的游泳池,水上项目与陆上项目在同一场地进行。在运动会组织管理方面,这几届奥运会主办城市可以根据自己的意愿随意去办,如法国巴黎奥运会前后历时5个多月,击剑安排在6月,田径比赛在7月,游泳比赛在8月。不仅在组织上有着较大的随意性,而且一些相关的制度也不健全,诸如举重、摔跤无体重级别之分,丈量单位无英制、公制之别。而顾拜旦在创建奥运会之初提出的竞技运动的教育价值,在于使人身心均衡发展,友好相处,但如何实现此目标的具体构想还不成熟。

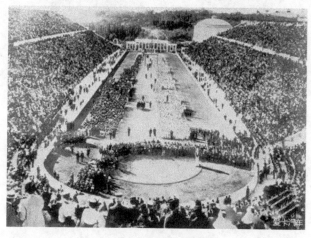

1896年雅典奥运会赛场

但是,巴黎奥运会,女子进入了场地参加比赛,打破了2000多年女子不能进入奥运会的传统习俗。在圣路易斯奥运会,一些比赛规则有所创新。所有这些,为随后的奥林匹克模式的建立奠定了坚实的实践基础。

4.奥运会发展期(1908—1948)

1912年,第5届奥运会于瑞典斯德哥尔摩举行。本次奥运会首次在田径场安装电子计时器和终点摄影装置。瑞典国王邀请来自欧洲各国的1500多名青年发起奥林匹克青年营。自奥运会诞生以来,本届奥运会第一次达到了顾拜旦的期望,是一届没有事故、没有抗议、没有民族沙文主义仇恨的奥运会,成为奥运史上的一个里程碑。

1900年,11名女子网球和高尔夫球选手率先叩响了奥运会的大门

1912年斯德哥尔摩奥运会入场式

  1915年4月10日,因第一次世界大战已开始,国际奥委会总部从巴黎迁往洛桑。1916年,原定于德国柏林举行的第6届奥运会因第一次世界大战停办。1920年,第7届奥运会于安特卫普举行,奥运会首次在开幕式上进行运动员宣誓和举行国际奥委会会旗升旗仪式。1924年,第8届奥运会于巴黎举行,首次为运动员兴建简易木房,成为后来奥运会村的雏形。首次出现两种非正式排名方法,一种按各国所获金、银、铜牌数排列顺序,另一种按前6名计分方式排列顺序。1928年,第9届奥运会于荷兰阿姆斯特丹举行,大会首次点燃焰塔火焰,火种取自奥林匹亚,并组织火炬接力传递。本届奥运会,女子田径项目被列为比赛

第一章 奥林匹克运动史

项目,400米跑道被确定为奥运会的标准跑道。1924年,在法国夏蒙尼市举办了当时被称为"冬季运动周"的运动会。第2届冬季奥运会也于1928年在瑞士圣莫里茨举行。奥林匹克比赛项目布局日趋合理完整。

芬兰奥运会英雄帕沃·努尔米获得9枚金牌

1932年,第10届奥运会于美国洛杉矶举行,第一次将奥运会会期限制在16天以内。1936年,第11届奥运会于德国柏林举行,首次进行电视实况转播,并用电影对奥运会进行完整的记录。本届奥运会修建了设备良好的奥运村和可容纳11万观众的大型体育场。1940年芬兰赫尔辛基奥运会、1944年定于伦敦举行的第13届奥运会和于科尔蒂纳丹佩佐举行的第6届冬季奥运会均因第二次世界大战停办。

在此时期,奥运会经过近四十年的发展,在活动内容上有了明确的规定,随着国际足球联合会(FIFA)、国际业余田径联合会(IAAF)、国际业余摔跤联合会(FILA)等单项体育联合会的相继成立,相应项目的技术问题得以解决。在设施方面,比赛场地逐渐标准化,一些先进的高科技用于奥运会设施的建设。影响奥运会举办的资金问题有所改善。与奥运会相关的一些制度日趋完善,如统一将奥运会限制在16天内举行,制定各种奥林匹克标志,使得奥运会举办规范化、程序化。奥林匹克代表大会强调国际奥委会与各国家或地区奥委会、国际单项体育联合会加强协作,三大支柱结构的组织体系初步成型。1920年,奥林匹克运动有了自己的格言——"更快、更高、更强",辅以"重要的是参加,而不是取胜"名言,使得奥林匹克思想迅速传播。奥林匹克模式构建基本完成。

5. 奥运会振兴推广期(1948—1968)

第二次世界大战结束后,1948年第14届奥运会于伦敦举行。奥林匹克运动在国际环境相对稳定、和平处于主导地位后迅速得以振兴。1952年第15届奥运会于芬兰赫尔辛基举行。中华人民共和国、苏联、联邦德国首次参加奥运会。自此,美国、苏联两个超级大国拉开了在奥运会上争夺霸主的历程。1952年,国际奥委会主席埃德斯特隆辞职后,美国A.布伦戴奇当选为国际奥委会第五任主席。1956年,在国际政治风波陡起的不利形势下,墨尔本较成功地举办了第16届奥运会。1960年,第17届奥运会于意大利罗马举行,电视转播进入市场,大会首次对马拉松等部分项目的运动员进行兴奋剂检查。1964年,第18届奥运会于东京举行,日本向世界进行大会实况转播。这是亚洲国家首次举办奥运会。1968年,第19届奥运会于墨西哥城举行,本届奥运会首次在开幕式上增设裁判员宣誓环节,首次施行性别检查和兴奋剂检查。奥运会的比赛更趋于规范化、程序化。

1968年墨西哥城奥运会招贴画

在此时期,奥运会发展迅速。具体表现在比赛项目迅速增多,参加奥运会的国家、人数迅速增多,奥运会举办地遍布四大洲,布局更为合理,冬季奥运会也得到长足发展。随着奥运会会标、吉祥物的出现,奥林匹克标志进一步完善。随着科技的发展,比赛设施有了极大的改善,场馆大型化、艺术化,塔当跑道得以使用。随着奥运会规模的扩大,奥运会同其他行业的渗透力加强。在奥运会的组织方面,三大支柱的结构体系依然发挥作用,但是协调三者关系的奥林匹克代表大会未能持续开展,并且奥运会的超大规模使得原先三位一体的奥林匹克运动组织体系的支柱间产生裂痕。奥林匹克思想体系方面,"业余原则"已无法解决

第一章 奥林匹克运动史

奥林匹克运动的业余性和高水平竞技运动职业化趋势的矛盾。奥林匹克运动在急剧发展后面临着一些新的问题,存在的隐患在随后的奥运会举办中得以暴露。

6. 奥运会多难期(1968—1984)

1972 年,爱尔兰 M. M. 基拉宁替代布伦戴奇当选为国际奥委会第六任主席。同年 8 月,第 20 届奥运会于德国慕尼黑举行。本届奥运会广泛使用了最先进的自动控制、信息传播和处理、电子计时测距技术等,因而被称为"技术奥运会"。1976 年,第 21 届奥运会于加拿大蒙特利尔举行,大会首次采用卫星将奥运圣火从希腊雅典"传送"到东道国首都渥太华,再从渥太华以接力跑形式到达主办城市蒙特利尔,并首次由两人点燃主体育场焰塔火焰。1979 年 10 月 25 日,国际奥委会执委会会议于日本名古屋召开,通过了承认中国奥委会为全国性奥委会、恢复中国在国际奥委会合法席位的决议。1980 年,第 22 届奥运会于苏联莫斯科举行,美国等国家抵制这届奥运会。中国未派队参赛。蒙特利尔举办奥运会后面临高达 10 亿美元的亏损,因此,1984 年,在没有其他城市竞标的情况下,洛杉矶获得了第 23 届奥运会的举办权。这届奥运会是第一次由民间承办的奥运会。苏联、民主德国等 17 个国家和地区未派队参加。

此段时期是奥运会的多难期。首先是 1972 年慕尼黑奥运会举办期间,9 月 5 日凌晨"黑色九月"成员袭击以色列运动员驻地奥运村 31 号楼,造成流血事件,迫使会期由原定 9 月 10 日闭幕顺延一天。发生的以色列运动员被恐怖分子杀害的严重政治恐怖事件,史称"慕尼黑惨案"。流血事件震惊了体育界人士,促使后来各届奥运会加强了安全保卫工作。1976 年、1980 年、1984 年奥运会分别受到了非洲及以美国、以苏联为首的多国的抵制,政治风暴严重波及了奥林匹克运动。加上 1976 年奥运会负债达 10 亿美元,使奥运会因财政赤字出现了危机。这些一度使得奥林匹克运动步入艰难期,这种状况在 1984 年洛杉矶奥运会后才出现转机。

1972 年慕尼黑奥运会首次出现吉祥物 Waldi

7. 奥运会现代期(1984—)

1980年,西班牙J.A.萨马兰奇被选为国际奥委会第七任主席。1984年的洛杉矶奥运会首次采用大型电子信息服务系统。首次以商业性开发为主的方式筹集资金,政府没有投资,最后盈利2亿多美元,标志着在奥运会举办中商业手段开始占据主导地位。1988年,国际奥委会建立"反对种族隔离和奥林匹克主义委员会"。同年,第24届奥运会于韩国汉城(今首尔)举行,迎来了时隔12年后东、西方苏、美两个超级大国的对抗。本届奥运会最大的丑闻是,加拿大本·约翰逊破100米世界纪录和获奥运会金牌后不久被查出服用违禁药物。1992年,第25届奥运会于西班牙巴塞罗那举行,本届奥运会是苏联解体后的各国以独联体的名义最后一次参赛,而联邦德国和民主德国合并后以一个国家奥委会体育代表团参赛,加上中国体育代表团实力的加强,奥运会诸强呈现出新的格局。1996年是现代奥运会100周年,亚特兰大获得举办权。国际奥委会197个成员全部出席本届奥运会,首次实现奥林匹克大家庭团圆于五环旗下。2000年,悉尼获得第27届奥运会主办权,澳大利亚人充分利用高科技手段,在开幕式上别出心裁,加上其"绿色奥运会"的理念,使得国际奥委会主席萨马兰奇在闭幕式上的致辞中称本届奥运会"是有史以来最好的一届奥运会"。2004年,雅典奥运会是奥林匹克大家庭最大规模的一次团圆。奥运会在时隔108年之后,终于又回到了其故乡希腊。2004年雅典奥运会,202个国家和地区的10 500名运动员,参加了28个大项301个小项的比赛。他们以"更快、更高、更强"的奥林匹克精神挑战极限、攀越新高,在田径、游泳、自行车、举重和射箭等赛场,创造了20多项新的世界纪录。第29届奥林匹克运动会,即北京奥运会,于2008年8月8日在中华人民共和国首都北京开幕,2008年8月24日闭幕。参赛国家及地区204个,设302项比赛(28类运动),共有6万多名运动员、教练员和官员参加。本届奥运会共产生43项新世界纪录及132项新奥运纪录,并创纪录共有87个国家在赛事中取得奖牌,中国以51枚金牌居金牌榜首位,是奥运历史上首个亚洲国家登上金牌榜首。2012年伦敦奥运会是伦敦继1908年伦敦奥运会和1948年伦敦奥运会后,再次取得奥运举办权。这是伦敦第3次举办夏季奥运会。伦敦奥运会组委会公布口号为"Inspire a generation",意为激励一代人。伦敦奥运会总共有205个国家和地区参加。伦敦是迄今为止举办夏季奥运会次数最多的城市,也是历史上第二座三度举办奥运会的城市。

在此时期,主要困扰奥林匹克运动正常运作的经济问题随着1984年洛杉矶奥运会组委会主席尤伯罗斯先生的极力操作而得到解决,为以后的奥林匹克营销计划奠定了坚实的基础。奥运会潜在的商业开发,使得奥运会成为众多国家争办的对象。奥运会在组织和制度方面更为科学、完善,并建立了专门的总部,以保证一个组织结构和功能比较健全的首脑机构对各方面的领导。在文化教育、科学技术方面，注重了奥林匹克思想的传播，诸如举办奥林匹克艺术节、建立奥林匹克博物馆，将每年的 6 月 23 日定为奥林匹克日并举行纪念活动。随着国际奥委会将"业余"一词从《奥林匹克宪章》中删去，奥林匹克运动在世界各地广泛传播，影响日益扩大。当然，随着奥运会的超大规模化，奥林匹克运动也面临来自多个方面的挑战。

2012 年奥运会伦敦碗

二、冬季奥林匹克运动会

19 世纪末 20 世纪初，一些冰雪运动如滑雪、滑雪橇、滑冰、冰球等项目在欧美国家逐渐得到普及和发展。1887 年，挪威成立了世界上第一个滑雪俱乐部。1890 年，加拿大成立了世界上第一个冰球协会。1892 年，国际滑冰联盟在荷兰成立。1893 年，在阿姆斯特丹举行了首届男子速度滑冰锦标赛。1908 年，法国成立了世界范围的国际冰球联合会。在冰雪运动日益普及的情况下，现代奥运会创始人顾拜旦建议单独举办冬季奥运会，但由于 1901 年北欧两项运动在欧洲斯堪的纳维亚半岛成功举行，这项建议被拖延。

1908 年，第 4 届夏季奥运会上增加了花样滑冰项目。1920 年，第 7 届夏季奥运会上，国际奥委会拒绝接受北欧两项项目，而增加了冰球项目。花样滑冰和冰球加入奥运会后引起了观众的极大兴趣，但因天气条件给组织者带来诸多不便，这两个项目都提前在 4 月份进行，但大多数比赛和奥运会的开幕式在 8 月中旬才举行，这使得一届奥运会要举行长达 5 个月的时间，在人力、物力上耗费太大。鉴于此，人们倾向于把冰雪项目从奥运会中分离出来，单独举行冰雪项目的奥运会。

1908年伦敦奥运会花样滑冰比赛

冬季奥运会最初规定每四年举行一次,与夏季奥运会在同年和同一国家举行。从1928年的第2届冬奥会开始,冬季奥运会与夏季奥运会的举办地点改在不同的国家举行。1986年,国际奥委会全会决定将冬季奥运会和夏季奥运会从1994年起分开,每两年间隔举行,1992年冬季奥运会是最后一届与夏季奥运会同年举行的冬季奥运会。冬季奥运会自1924年开始第1届,每四年一届,截至2018年共举办了23届。

1. 第1届冬奥会

冬季奥林匹克运动会(简称"冬奥会")是世界上规模最大的冬季综合性运动会,每四年举办一届。1924年,法国的夏蒙尼市承办了当时被称为"冬季运动周"的运动会,两年后国际奥委会才将其正式"追认"为首届冬奥会。首届冬奥会上,狗拉雪橇被列为表演项目,狗拉雪橇作为动力驱动滑雪的鼻祖,也是迄今为止唯一一次在冬奥会上亮相。

1924年"冬季运动周"

2. 战火过后的冬奥会

因为世界大战被一拖再拖的第 5 届冬奥会原定于 1940 年在日本北海道札幌举办。但由于日本帝国主义在 1937 年发动了全面侵华战争，1938 年日本政府宣布他们无法举办札幌冬奥会，瑞士的圣莫里茨成为候选城市。瑞士奥委会因滑雪教练员的参赛问题与国际奥委会产生争议，所示瑞士也宣布放弃承办这届冬奥会。1939 年 7 月，德国向国际奥委会表示愿意在上届奥运会的举办城市加米施和帕滕基兴承办第 5 届冬奥会。两个月后，第二次世界大战爆发，接下来的两届奥运会都被迫取消。1948 年，第二次世界大战结束之后的首次冬奥会在瑞士的圣莫里茨举办。发动第二次世界大战的日本和德国，遭到国际奥委会禁赛处罚。

1948 年圣莫里茨冬奥会奖牌

3. 冬奥会首次传递圣火

奥运圣火在挪威一位著名的滑雪运动员努尔海姆家里的炉火中点燃，并经过了 94 名滑雪运动员的接力传递，后来到奥运会主体育场中点燃大会圣火火炬，成为冬奥会第一次正式的圣火。

圣火点燃

4. 亚洲举办的第 1 届奥运会

1972 年,日本札幌第 11 届冬奥会是冬奥会第一次在欧洲和美国以外的地区举办,也是在亚洲举办的第一届奥运会。在这届奥运会上,职业运动员的参赛问题再次成为焦点,国际奥委会严禁参加奥运会的运动员接受任何金钱酬劳,否则取消职业运动员资格。

1972 年札幌冬奥会开幕式

5. 中国队首次参加冬奥会

1980 年,在美国纽约州普莱西德湖举行的第 13 届冬奥会是一届非常精彩的奥运会,创造了一大批冬奥会历史上的传奇:来自瑞典的滑雪运动员斯滕马克(Ingemar Stenmark)在大回转和回转两个项目中均胜利夺冠。本届冬奥会中,中国体育代表团首次参加,共派出 28 名男女运动员,参加了滑冰、滑雪、现代冬季两项的 18 个单项比赛,但当时我国选手的运动水平与世界先进水平有较大差距,无一人进入前六名。

中国体育代表团入场

6. 中国队金牌"零的突破"

第 16 届冬奥会开幕式上点燃圣火的是一位年仅 9 岁,爱好体育运动的小学生。中国自 1980 年首次参加冬奥会以来,经过 12 年的努力,终于在 1992 年法国阿尔贝维尔第 16 届冬奥会上实现了奖牌"零的突破"。本届参加比赛的中国队员有 34 人,共获银牌 3 枚。其中叶乔波在速度滑冰比赛中带伤上阵,夺得 500 米和 1000 米两项速滑的银牌,成为中国第 1 枚冬奥会奖牌获得者;短道速滑成为本届冬奥会正式比赛项目,在女子 500 米短道速滑比赛中,李琰夺取 1 枚银牌,成为中国短道速滑队第 1 枚冬奥会奖牌获得者。

叶乔波领奖

7.比赛项目最多的一届冬奥会

第 19 届冬奥会于 2002 年 2 月 8 日至 24 日在美国犹他州盐湖城举行,这届奥运会共设有 78 项比赛,俯式冰橇重新成为冬奥会的比赛项目,并且新加入了女子有舵雪橇项目,比起上一届的长野冬季奥运会多出 10 项。这是冬奥会史上比赛项目最多的一次,同时本届奥运会的参赛选手也创下新高,获得金牌的国家达到创纪录的 18 个。

中国此次共派出了 72 名运动员参赛。在短道速滑女子 500 米决赛中,中国队的杨扬夺取了冠军,为中国获得了第 1 枚冬奥会金牌。此后,她又与队友一起获得了女子 3000 米接力的银牌,并在女子 1000 米比赛中再夺金牌。而申雪、赵宏博也在欧美选手传统垄断的领域花样滑冰双人滑项目中奋力拼下了 1 枚铜牌。

杨扬夺金

8. 中国代表团人数最多的冬奥会

2010年温哥华冬奥会,中国代表团派出182人的队伍参赛,其中运动员91人,由30名男运动员和61名女运动员组成,官员91人,其中包括团部官员27人,领队16人,教练30人,队医13人,翻译5人,是我国冬奥会参赛历史上参加人数最多,代表团规模最大的,而且参加的大项、分项和小项最多的一届冬奥会。中国代表团在本届冬奥会取得了出色战绩,在冬奥会上首次跻身金牌榜十强。李琰指挥的中国短道速滑队包揽了短道女子项目4枚金牌,而申雪、赵宏博更是获得中国首枚花样滑冰冬奥会金牌,这也是亚洲人获得的首枚双人滑冬奥会金牌。

中国体育代表团女子短道速滑队大放异彩

第三节 奥林匹克运动的发展趋势

1. 商业化的挑战

1984年洛杉矶奥运会后,充分利用商业化手段支持大型体育比赛已成为体育运动的一个重要发展趋势。体育运动有着巨大的吸引力,能为商业创造多个机会,同时,商业活动又极大地促进了体育运动的发展。但过度的商业化会干扰奥林匹克运动会竞技运动的正常进行。1988年汉城奥运会期间,受电视转播权买主美国广播公司(ABC)的影响,组委会只好将比赛时间安排到美国的黄金时间,这大大影响了运动员运动水平的正常发挥。再者,商业化的目的是获得最大的经济利益,但奥林匹克思想弘扬的是人类通过竞技运动对真、善、美的追求。对于此,国际奥委会进行了以下规定:禁止在奥运会比赛场地及其上空进行广告宣传,以保持奥运会鲜明的人文形象;扩大奥运会的经济来源,以保证电视转播费所占总收入的比例下降;还通过奥林匹克团结基金,加强对发展中国家的援助。

2. 运动员职业化的挑战

业余原则是奥林匹克运动一贯坚持的原则。1980年国际奥委会修改《奥林匹克宪章》,取消了业余的规定。1992年开始,实际上已经取消了业余原则。业余原则在一定的时期促进了奥林匹克运动的传播和发展,但在竞技运动水平日益提高的背景下已显得举步维艰。但同时,运动员也不能过度职业化。比如,职业拳击运动员,由于其运动性质,且不受国际单项体育联合会控制,因此被拒于奥运会大门之外。

风光的美国男篮梦之一队

3. 滥用兴奋剂的挑战

20世纪60年代以来,在奥运会中使用兴奋剂和反兴奋剂的斗争从没有停止过。兴奋剂是利用非法手段增强人的运动功能的药物的统称,包括刺激剂、利尿剂、血液兴奋剂等七大类。这些药物对人的身心健康有直接的危害,也同奥林匹克精神所宣扬的公平背道而驰。1961年成立的国际奥委会医学委员会下设兴奋剂与生化分委员会、生化药剂与生理分委员会等四个分委员会,目前正发挥着积极的作用。

4. 三大支柱间矛盾的挑战

国际奥委会、国际单项体育联合会和国家或地区奥委会是奥林匹克运动赖以发展的基石。三者之间的团结协作至关重要。国际奥委会曾忽视了三者的关系,在权力、利益分配是否均衡的较量中,奥林匹克大家庭潜在的危机日益显露。1973年国际奥委会恢复了1930年取消的奥林匹克代表大会,并在挑选奥运会主办城市方面,把相关的权力下放。在委员的问题上也有诸多矛盾。所有这些,均要国际奥委会、国际单项体育联合会和国家或地区奥委会三者协商方能解决。

朝韩联合入场

5. 对国际奥委会独立性的挑战

对国际奥委会独立性的挑战主要来自政治对奥林匹克运动的干扰。在不同的时期,政治对奥林匹克运动的干预是不同的。第二次世界大战结束后的近40年里,奥林匹克运动经受了诸多政治风暴的考验。其根本原因是东西方两大集团之间的各种利益的冲突。干预方式以政治抵制为主。从奥林匹克运动发展的趋势看,随着世界格局的重新形成,政治因素对奥运会抵制力量已大大削弱。国际奥委会为保持其独立性,充分利用各种手段策略对政治干预进行合理处理,如1992年,联合国安理会对南斯拉夫制裁时,国际奥委会没有简单地服从,允许南斯拉夫运动员以个人的身份参赛,以表现国际奥委会的独立性。

6. 奥运会超大规模的挑战

第二次世界大战以后,参加奥运会的国家剧增,2000年悉尼奥运会达到创纪录的199个,运动员10 000余人,记者约15 000人,志愿者约50 000人,还有数十万前来观赛的游客。所有这些给主办城市带来沉重的负担,主要涉及食宿、交通、安全等方面。2002年8月,国际奥委会项目委员会向执行委员会建议削减奥运会的规模,以保障全球最重要的体育盛会能够继续健康发展。"奥运减肥计划"大势所趋。

7. 奥运会争办城市减少的挑战

2024年和2028年夏季奥运会的主办权在同一时间被授予法国巴黎和美国洛杉矶,国际奥委会的这一决定受到两个东道主国家的热烈欢迎。诚然,两个城市以合作的方式争取奥运会主办权值得赞赏,但透过表面的热闹喧嚣,上述决定实则凸显出奥林匹克运动面临严峻挑战。

其实从一开始,2024年夏季奥运会的申办之路便历经波折,经历了从熙熙攘攘到门庭冷落的转变。一些原本雄心勃勃的竞争者纷纷退出,包括3个欧洲城市(布达佩斯、罗马和汉堡)和1个美国城市(波士顿),只剩下巴黎和洛杉矶竞争申办权。类似的场景也发生在2022年冬季奥运会的申办过程中,国际奥委会宣布北京击败阿拉木图赢得申办权时,这两个城市之外的其他竞争者已经退出。

似乎很少有城市真正想要举办奥运会,因为不论举办夏季奥运会还是冬季奥运会都是极其烧钱之举,即使是那些世界上最发达的国家,也会面临极大挑战。举办奥运会,需要国家预先投入大量资金,进行大规模的基础设施建设,并在奥运会开幕前长达数年的时间里保持高水准的后勤和技术保障。

为什么申办奥运会的国家越来越少?原因是近年来举办奥运会的成本高得越来越离谱,已经远远超出了提升城市形象带来的收益。举办一场奥运会的总花费高达数百亿美元。考虑到绝大多数发达国家面临经济不平加剧、薪资增长陷入停滞等问题,世界各国的纳税者没有兴趣举办如此昂贵的活动也就不足为奇了。

被誉为当代奥运会标杆的巴塞罗那奥运会,成本竟然超过 70 亿美元。北京奥运会成本至少为 60 亿美元,若算上为了减少大气污染关停企业等造成的间接经济损失,一般认为北京奥运会成本在 400 亿美元以上。21 世纪的奥运会成本均在 100 亿美元以上。

8. 全球新型冠状病毒肺炎疫情的挑战

目前新型冠状病毒肺炎仍在全球肆虐,导致各行各业都在遭遇着至暗时刻,体育也未能幸免于难,世界上各大体育赛事纷纷推迟或取消。就在 2020 年 3 月 24 日,各方经过近一个月的争论终于达成共识:原计划于 2020 年 7 月 24 日至 8 月 9 日进行的第 32 届奥运会推迟至 2021 年举办,赛事名称依旧为"东京 2020 年奥运会和残奥会"。延期举办东京奥运会使一个月来的争论尘埃落定,但这只是一个开始,东京奥运注定不会是一路坦途。

东京 2020 年奥运会和残奥会会徽

举办城市东京首当其冲,最直接的损失就是很多工程项目的违约。位于东京晴海的奥运村原计划会后改建为公寓出售,房屋大约 4 100 套,目前许多房子已经出售。奥运会的主新闻中心和国际广播中心租用的是东京国际展览中心,而这一东京最大的展厅明年的租借方已经确定。很多其他比赛场地和酒店也面临同样的问题。

据多家日本媒体推测,东京奥运会推迟举行造成的直接经济损失约为 60 亿美元,这还只是奥运会本身的损失和推迟一年造成的财政消耗。

竞技体育有其自身的比赛周期,各体育组织往往据其安排赛事,运动员也随之有节奏、有重点地备战。田径和游泳两个奥运基础大项的世锦赛均将在 2021 年举行,中国国内还将举办世界大学生运动会和全国运动会,再加上延期举办的足球欧锦赛、美洲杯和东京奥运会,如此密集杂糅的赛事安排会给相关筹办工作带来不少挑战,也对运动员的竞技技能和心理素质提出了更高的要求。

确定延期后,各方还要商定出确切的开幕时间,因为接下来的一系列筹备工作都需要按照新的时间来倒排工期,至少 33 个奥运项目的全球赛历需要据此调整。

此外,作为奥运会的两大金融支柱——转播商和赞助商的需求不容小觑。奥运会转播商美国全国广播公司(NBC)在 2014 年以 76.5 亿美元的高价与国际奥委会将转播协议续约至 2032 年,目前该机构东京奥运会 90% 的广告时段均已售罄。东京奥委会官网数据显示,63 家日本赞助商已在东京奥运会花费了超过 31 亿美元,这个数字几乎是北京和伦敦奥运会的 3 倍,是近两届世界杯足球赛的 2 倍。延期无疑会给各方带来新的风险与机遇。

尽管面对很多压力,但延期无疑是当下的最优解。这也契合国际奥委会举办东京奥运会的最高宗旨:一是保护每个人的身体健康,全力支持疫情防控工作;二是确保运动员的利益和奥林匹克运动的利益不受损害。

总之,与世界上的任何事物一样,奥林匹克运动也有一个产生、发展与衰亡的过程。但是就目前的社会条件来分析,奥林匹克运动还远远没有完成历史赋予它的使命。20 世纪,我们生活的这个星球第一次出现了真正意义上的国际社会,各个国家和地区之间在政治、经济、文化等方面的联系从来没有像今天这样密切,生活在世界不同地区的人们的接触从来没有像今天这样频繁。"地球村"形象地表述了当今各个民族的密切关系。现代文明在给予人类更多力量的同时,也赋予他们更重的责任。当今人类社会的繁荣是各个国家合作交流的结果,所面临的巨大困难更需要大家共同去努力克服。2001 年 7 月,国际奥委会迎来了历史上第 8 位,也是 21 世纪第 1 位主席——比利时人罗格。罗格上台后颁布的施政纲领宣布:在未来的国际奥林匹克运动中,最需要解决的问题,一是如何控制越来越庞大的奥运会,二是如何在全球范围内开展有效的反兴奋剂斗争。为此,国际奥委会与世界反兴奋剂机构(WADA)展开了密切的合作,呼吁各国政府参与到反兴奋剂的工作中来;成立了一个国际奥委会奥运会研究委员会,专门对如何有效地控制奥运会规模进行研究。罗格已经公开表示,今后的每一届夏季奥运会的比赛大项将保持在 28 个,如果有新的项目进入,将必须有旧的项目退出。国际奥委会还将对每一届奥运会的比赛项目的受欢迎程度进行追踪,从而做到在每一届奥运会的项目设置上"有的放矢"。奥林匹克运动在 20 世纪已经为世界体育的发展和人类社会的进步做出了巨大贡献,在 21 世纪,尽管它还会遇到各种意想不到的困难和挫折,但是它会在困难和挫折中走出自己的发展之路,继续以其独特的方式,促进人类社会的和平、友谊和进步。

思 考 题

1. 试述古代奥运会与现代奥运会的异同。
2. 浅议现代奥林匹克运动面临的挑战。

延伸阅读

马拉松的传说由来

马拉松起源于菲迪皮德斯的传奇故事：公元前490年，希腊军队在马拉松平原击退波斯军队的入侵。传令兵菲迪皮德斯为了将胜利的消息传递给祖国的人民，毫不停歇地从马拉松跑到雅典城。遗憾的是他还没来得及说一句"我们胜利了"，就因体力衰竭倒在广场上死亡。人们为了纪念他设置了马拉松比赛。

1896年4月10日，首次奥运会马拉松比赛，赛程为40公里，参赛选手仅有18名。希腊选手路易斯（Spiridon Louis）获得了希腊的首枚奥运会金牌，他的名字也因此被载入史册。1984年8月在洛杉矶奥运会上，美国人贝努瓦（Joan Benoit）成为首位夺得奥运会女子马拉松冠军的选手。1960年9月10日，埃塞俄比亚赤脚参赛选手阿贝贝（Abebe Bikila）获得罗马奥运会马拉松冠军并创造了新的世界纪录，他也成为第一个获得奥运会金牌的非洲黑人选手。他在1964年东京奥运会上，创造2小时12分11秒2的世界纪录，并夺得冠军，成为首位蝉联奥运会男子马拉松冠军的运动员。

第二章　奥林匹克运动三大体系

【内容提要】

奥林匹克运动的体系包括以奥林匹克主义为核心的奥林匹克思想体系,以国际奥委会、国际单项体育联合会、国家或地区奥委会三大支柱组成的奥林匹克组织体系,以奥运会为核心内容的奥林匹克内容体系。以此系统强化大学生对奥林匹克运动的思想、组织、内容体系的认识,从而使大学生全面深入了解奥林匹克运动。

【学习目标】

1. 简述《奥林匹克宪章》的主要内容。
2. 掌握奥林匹克主义的定义、作用及内容。
3. 叙述奥林匹克精神、奥林匹克运动宗旨的本质内容。
4. 论述奥林匹克名言、格言及其关系。
5. 名词解释:国际奥委会、"逆向代表"制度。
6. 了解国际单项体育联合会、国家或地区奥委会的职责。
7. 论述三大支柱之间的关系。
8. 简述奥林匹克运动的主要内容。

【关键词】

奥林匹克体系　奥林匹克主义　奥林匹克精神　宗旨　国际奥委会　国际单项体育联合会　国家或地区奥委会　奥运会

第一节 《奥林匹克宪章》

1.《奥林匹克宪章》产生背景及内容

国际奥委会在1894年成立之初,并无具体的规章制度,仅有一些基本的意向和原则。1908年,顾拜旦撰写发表了《国际奥委会的地位》一文,对国际奥委会的任务、组织管理、委员产生的方式均做了明确的规定。现行的《奥林匹克宪章》于1992年制定,在内容上分为"基本原则""奥林匹克运动""国际奥林匹克委员会""国际单项体育联合会""国际多项体育联合会"和"国家奥林匹克委员会"六个部分。其中详细阐述了奥林匹克运动以奥林匹克主义为核心的思想体系,以国际奥委会(IOC)、国际单项体育联合会(IF)和各国或地区奥委会(NOC)三大支柱为骨干的组织体系和以奥运会为周期性高潮的活动内容体系。

奥运五环代表五大洲

2.《奥林匹克宪章》中的基本原则

(1)现代奥林匹克主义是顾拜旦提出的,在他的倡议下,1894年6月召开了巴黎国际体育代表大会,1894年6月23日成立了国际奥委会。1994年8月在巴黎召开了第12届代表大会,这是奥林匹克百年大会,被命名为"团结大会"。

(2)奥林匹克主义是增强体质、意志和精神并使之全面均衡发展的一种生活哲学。奥林匹克主义谋求体育运动与文化和教育相融合,创造一种以奋斗为乐、发挥良好榜样的教育作用,并尊重基本公德原则为基础的生活方式。

(3)奥林匹克的宗旨是使体育运动为人的和谐发展服务,以促进建立一个维护人的尊严的和平社会。为达到这一目的,奥林匹克运动独自或与其他组织合作,在其职能范围内从事促进和平的活动。

(4)由国际奥委会领导的奥林匹克运动来源于现代奥林匹克主义。

(5)在国际奥委会最高权力的指导下,奥林匹克运动吸收同意受《奥林匹克宪章》指导的组织、运动员和其他人员。参加奥林匹克运动的标准是取得国际奥委会的承认。运动项目的组织和管理必须由被承认为独立的体育运动组织领导。

(6)奥林匹克运动的宗旨是,通过开展没有任何形式的歧视并体现奥林匹克精神——互相理解、友谊、团结和公平竞争的精神——的体育活动来教育青年,从而为建立一个和平而更美好的世界作出贡献。

(7)奥林匹克运动的象征是五个连环,奥林匹克运动的活动是全球性的、持续的。其最高层次的活动是使世界上的运动员在奥林匹克运动会这一盛大的体育节日里相聚一堂。

(8)从事体育运动是人的权利,每一个人都应有按照自己的需要从事体育活动的可能性。

(9)《奥林匹克宪章》是国际奥委会制定的基本原则、规则和附则的汇总。它指导奥林匹克运动的组织和运行,并规定奥林匹克运动会的举办条件。

《奥林匹克宪章》不仅界定了奥林匹克运动的基本内容,确定了奥林匹克运动的组织机构和运作机制,而且还奠定了奥林匹克运动的思想基础,成为奥林匹克运动的基本法(相当于国家法律体系中的宪法)。

《奥林匹克宪章》

第二节 奥林匹克运动的思想体系

奥林匹克运动的思想体系是奥林匹克运动的灵魂,是奥林匹克运动历经百年得以持续并日渐蓬勃兴盛坚实的思想基础。奥林匹克运动的思想体系的内容包括奥林匹克主义、奥林匹克精神、奥林匹克理想、奥林匹克宗旨及奥林匹克格言等。

1. 奥林匹克主义的定义、作用及内容

奥林匹克主义是将身、心和精神方面的各种品质均衡地结合起来,并使之得到提高的一种人生哲学。奥林匹克主义谋求把体育运动与文化和教育融合起来,创造一种在努力中寻求快乐、发挥良好榜样的教育作用并尊重基本公德原则的生活方式。其宗旨是使体育运动处处为人的和谐发展服务,以促进建立一个维护人的尊严的和平社会。奥林匹克主义对奥林匹克运动起着重要的指导作用。在其指导下,奥林匹克运动成为一种超越体育和竞技运动的关于人的身心和谐发展和社会发展的思想、理论和运动。它谋求人的全面发展,对人类社会生活产生了深刻的影响。

奥林匹克精神的本质内容是:参与原则,竞争原则,公正原则,友谊原则,奋斗原则。通俗地说就是互相理解、友谊、团结和公平竞争的精神。奥林匹克精神为不同的文化间的差异提供了导向作用,奥林匹克精神所强调的友谊、团结、相互了解,为奥林匹克运动提供了一种文化氛围和精神境界,从而促进了奥林匹克运动的国际交流。奥林匹克精神符合人们对和平、真、善、美的追求,对人们有着重要的激励作用。

奥林匹克精神

2. 奥林匹克运动的宗旨

奥林匹克运动的宗旨是通过开展没有任何形式的歧视并体现奥林匹克精神

的体育活动来教育青年,从而为建立一个和平而更美好的世界作出贡献。当然,人类和平的维系并不仅仅靠奥林匹克运动,还有政治、经济、军事等诸多因素。奥林匹克运动的宗旨同人类社会正义事业所要达到的目标是一致的,这就为它成为维护世界和平事业的一个重要组成部分,从而确立其国际社会地位奠定了坚实的基础。

3.奥林匹克格言、名言及关系

奥林匹克格言,亦称奥林匹克座右铭或口号,系奥林匹克运动宗旨之一。奥林匹克格言是"更快、更高、更强"。"Faster,Higher,Stronger",是鼓励运动员要继续不断地参加运动,努力追求进步与追求自我的突破。原文为古拉丁语"Citius,Altius,Fortius"。它是国际奥委会对所有参与奥林匹克运动的人们的号召,号召他们本着奥林匹克的精神奋力向上。这句格言是顾拜旦的一位密友——法国巴黎阿奎埃尔修道院院长迪东神甫于1895年提出的,顾拜旦对此颇为赞赏,经他提议,1913年获国际奥委会正式批准,定为奥林匹克格言。1920年,它又成为奥林匹克标志的一部分,表达了奥林匹克运动不断进取、永不满足的奋斗精神和不畏艰险、勇攀高峰的大无畏精神。

身残志坚

奥林匹克运动还有一句广为流传的名言:"重要的是参加,而不是取胜。"它来源于1908年伦敦第4届奥运会参加马拉松比赛的一位光荣失败者——彼得里。马拉松赛安排在田径比赛的最后一天。亚历山德拉王后与其他王室成员在包厢就座。英国运动员们个个奋勇争先,猛冲猛撞,无奈后劲不足,路途一个个败下阵来。在36公里的标志线处,意大利厨师彼得里独领风骚,遥遥领先于其他选手。他在观众的一片喝彩加油声中,过早地开始冲刺,加速奔进运动场。彼得里体力消耗殆尽,如醉鬼一样歪歪倒倒地进场后,左顾右盼,不辨东西,竟朝相反的方向跑去。9万名观众一片愕然,吼叫声、掌声地动山摇,闹得彼得里更加茫然,王后也急得从座位上站了起来。一位官员见状急忙飞奔过去,将彼得里扭过身来,为他指出正确的方向。可是彼得里双眼朦胧,步子越来越小,在如梦游般地跑了几步后,一头栽倒在地。几秒钟后,他又支撑着站了起来,在观众的欢呼雀跃声中,摔倒,爬起,又摔倒,反复了好几次。突然间,运动场入口处喧闹起来,原来美国选手海斯此时也已经进场。而彼得里倒在距终点线15米处,已实在无法站起来走完这最后一段路了。眼看到手的金牌就要落空,观众无不为他着急,只见一位记者和一位医生上前架起彼得里走过国王包厢前的终点线。王后离座而起,鼓掌祝贺,全场欢声雷动。而此时的彼得里已经奄奄一息,被担架抬走了。后因美国队抗议,大会改判海斯为马拉松冠军。但是,英国王后还是被彼得里在体育场内最后385码奋力拼搏的情景深深打动,在隆重的发奖仪式上,特别授予他一只和冠军奖杯一样的金杯作为纪念。事后,宾夕法尼亚大主教在礼拜活动时深有感触地说:"在奥运会史上,参加比取胜更重要。"这句充满哲理的名言一直流传至今。意大利厨师彼得里虽然从奥运会成绩册中消失,但是反而更有名气,成为世界名人。这句名言是对奥林匹克格言的补充,强调的是参与精神。顾拜旦解释说:"正如在生活中最重要的事情不是胜利,而是斗争,不是征服,而是奋力拼搏。"

群雄逐鹿

一些人认为这句话与"更快、更高、更强"是矛盾的,前者强调参与,而后者则强调取胜。其实,用辩证的观点来看,这两句话的意思不仅不是相互矛盾的,反而是相辅相成的。

竞技运动的训练和比赛是一个过程,胜负作为这个过程的结果,只属于更快、更高、更强者。但是,竞技运动的功能和价值主要表现于训练和比赛的过程,而不是它的结果。正是在艰苦的训练和顽强的比赛过程中,运动员的身体得到锻炼,意志得到磨砺,品德得到提高,也正是在比赛过程中,观众欣赏到了运动员健与力的美,技术与战术的高超,观众的心绪随着比赛过程的起伏而跌宕,从而满足了他们的文化需要。所谓"重要的是参加,而不是取胜",正是说明了训练、竞赛过程比其结果更为重要这个道理。正因为如此,在奥林匹克大赛上才有无数明知取胜希望渺茫,仍尽全力与世界体育巨星一拼的勇士,才有在竞技场上一辈子也得不到冠军的健儿们抛下的成吨汗水。这些人之所以不是明星们的陪衬,不是给稀有金牌垫底的分母,正是因为"重要的是参加,而不是取胜",他们在"参加"的过程中已经充分体现了自己的价值。

但是,运动训练、竞技比赛的过程和结果是不可分割的,要想使竞技运动的价值在训练和比赛过程中最大限度地表现出来,必须使训练和比赛过程具有较高的质量,训练越认真,比赛越激烈,对运动员的考验就越严格,运动员得到的锻炼就越大,也越能满足观众的文化需要。但是单纯地强调训练与比赛过程的重要性,强调参与的重要性,并不能保证过程的质量。这需要更强有力的刺激去激发运动员的动机。于是,极富功利性的"更快、更高、更强"作为奥林匹克格言,通过对比赛结果的强调,给可能会是松散疲沓的训练、比赛过程注入了一种永不枯竭的生命力。正是在这句格言的激励下,人人都怀着"更快、更高、更强"的目标去参加,去奋进,使得奥林匹克运动生生不已。这里谁都心雄万夫,力争第一,但是谁也坐不稳冠军的宝座。就在这无休止的激烈争夺中,训练的质量越来越高,比赛过程越来越充满魅力,使得奥林匹克运动之树常青。

巾帼争强

第三节 奥林匹克运动的组织体系

作为一个庞大的国际社会运动,奥林匹克运动各种活动能够付诸实施,均靠奥林匹克运动一套机构完备、功能齐全的组织体系,即奥林匹克运动的三大支柱——国际奥委会、国际单项体育联合会和各个国家或地区的奥委会。

1. 国际奥委会

国际奥委会是一个国际性、非官方、非营利的组织,是奥林匹克运动的指导者、捍卫者、仲裁者,是无限期的、具有法人地位的协会,并于1981年9月17日被瑞士联邦议会法令承认。其总部设在洛桑。它的组织机构有国际奥委会全体委员会议、国际奥委会执行委员会、国际奥委会秘书处、专门委员会和一些临时性的委员会。国际奥委会的任务是,按照《奥林匹克宪章》领导奥林匹克运动。国际奥委会对奥林匹克运动的领导是绝对的,这有助于奥林匹克运动的顺利进行。具体为,国际单项体育联合会只有获得国际奥委会的承认,其管辖的运动项目才有可能列入奥运会比赛项目;国家或地区奥委会只有获得国际奥委会的承认,才有权参加奥运会;国际奥委会对奥运会拥有全部权利。

国际奥委会全体委员会议是国际奥委会的最高权力机构,其任务是通过、修改、解释《奥林匹克宪章》,而且它的决定是最终决定。国际奥委会全体委员会议每年至少举行一次,奥运会年举行两次。

国际奥委会执行委员会是国际奥委会全体委员会议授权行使国际奥委会的职责,处理日常事务的常设机构。计有15人组成,包括主席(任期8年)、副主席4名(任期4年)和其他委员10名(任期4年)。

国际奥委会总部所在地——瑞士洛桑

国际奥委会委员(IOC members)的产生采用"逆向代表"制,即国际奥委会委员不是一个国家或地区在国际奥委会的代表,而是国际奥委会在该国或该地区的代表,其目的是避免各国政府或其他因素的干扰,以确保国际奥委会的独立性。世纪之交时,国际奥委会从最初的 15 名委员发展为 114 名,这也是在国际奥委会进行重大改革吸收 10 名著名运动员委员后的统计数据。依据奥委会 110 次会议精神,在 2003 年年底,国际奥委会委员不能超过 130 名。

2. 国际单项体育联合会

国际单项体育联合会是指在世界范围内管辖一项或几项运动项目并接纳若干管辖这些项目的国家或地区级团体的非官方的国际性组织。其任务是负责其管辖的运动项目的技术和行政管理方面的工作。

目前,得到国际奥委会承认的国际单项体育联合会计有 64 个,其中列入奥运会比赛的国际单项体育联合会共 35 个,即国际业余田径联合会(210 个会员)、国际赛艇联合会(112 个会员)、国际羽毛球联合会(147 个会员)、国际棒球联合会(110 个会员)、国际业余篮球联合会(212 个会员)、国际业余拳击联合会(190 个会员)、国际皮划艇联合会(113 个会员)、国际业余自行车联合会(160 个会员)、国际马术联合会(130 个会员)、国际击剑联合会(108 个会员)、国际足球联合会(204 个会员)、国际举重联合会(167 个会员)、国际体操联合会(125 个会员)、国际手球联合会(147 个会员)、国际曲棍球联合会(118 个会员)、国际柔道联合会(187 个会员)、国际业余摔跤联合会(142 个会员)、国际垒球联合会(122 个会员)、国际跆拳道联合会(175 个会员)、国际业余游泳联合会(179 个会员)、国际现代五项和冬季两项联盟(147 个会员)、国际乒乓球联合会(186 个会员)、国际网球联合会(191 个会员)、国际射击联盟(151 个会员)、国际铁人三项联盟(87 个会员)、国际帆船联盟(121 个会员)、国际射箭联合会(128 个会员)、国际排球联合会(218 个会员)、国际无舵雪橇联合会(48 个会员)、国际冰球联合会(63 个会员)、国际滑冰联盟(73 个会员)、国际有舵雪橇和平底雪橇联合会(56 个会员)、世界冰壶联合会(36 个会员)、国际滑雪联合会(101 个会员)。国际现代五项和冬季两项联盟,是在夏季奥运会和冬季奥运会中都设有项目的唯一国际体育组织。国际奥委会承认的国际单项体育组织还有国际技巧运动联合会、国际定向跑联合会、国际武术联合会等 32 个协会联盟,但这些组织所辖的项目尚不是奥运会比赛项目,其中包括我国的武术项目,现有 142 个会员。

3. 国家或地区奥委会

国家或地区奥委会是按照《奥林匹克宪章》的规定建立起来,并得到国际奥委会承认的负责在一个国家或地区开展奥林匹克运动的组织。它是奥林匹克运动的基本单位。其任务是依据《奥林匹克宪章》在各自国家或地区开展和维护奥林匹克运动。具体地说,国家奥委会的作用在于在其管辖的范围内宣传奥林匹克主义,促进运动技术水平以及群众体育的发展,培训体育管理人员,尽力采取行为反对体育运动中任何形式的歧视和暴力,禁止使用国际奥委会或国际单项体育联合会禁用的药物和方法,组织和领导各自代表团参加奥运会和国际奥委会赞助的其他比赛,并有权在各自国家选定适于举办奥运会的城市。目前,得到国际奥委会承认的国家或地区奥委会共有202个,其中亚洲44个、非洲53个、欧洲48个、美洲42个、大洋洲15个。

夺冠瞬间

4. 三大支柱之间的关系

三大支柱的关系为,在国际奥委会领导下的互相协调、互相配合的关系。在这种关系结构中,国际奥委会是指挥首脑,国际体育单项联合会进行技术辅导,国家奥委会是开展各种活动的基本单位,三者缺一不可。在三者关系中,领导权高度集中于国际奥委会,并在国际奥委会握有最高权力的前提下,加强协商。在三大支柱组织中保持必要的人员重复,这有利于加强组织间的沟通。沟通的方式还有奥林匹克代表大会以及相互间的联席会议。所获得的利益三者共享。但严格地说,国际单项体育联合会、国家或地区奥委会与国际奥委会的关系,只是相互承认的问题,不是隶属关系。根据《奥林匹克宪章》,一个国家或地区的奥委会只有得到国际奥委会的承认,才有权参加奥运会的预选赛和决赛。而国家或地区奥委会应至少由五个奥林匹克项目的全国或地区协会组成,这些协会还必须是有关国际单项体育联合会的会员。国家或地区奥委会名称必须经国际奥委会批准。国际单项体育联合会也只有在得到国际奥委会承认后,它所辖的项目才有可能列入奥运会比赛项目。

第四节　奥林匹克运动的内容体系

奥林匹克运动的活动内容体系包括以四年为周期的奥林匹克运动会为主的一系列活动，正是这些涉及教育、文化等领域丰富多彩的活动内容，辅以严密科学的组织及制度，加上现代媒体对奥林匹克主义、思想的广泛传播，使得奥林匹克运动在20世纪80年代后出现了空前的繁荣。

奥林匹克运动会分为夏季和冬季奥运会，自1992年开始，夏季奥运会依然按照奥林匹克周期举行，而冬季奥运会则改在奥林匹克周期的第三年举行。奥运会的活动内容以竞技运动比赛为主，竞赛项目的设立须经奥林匹克比赛项目委员会批准。夏季奥运会的内容以本书第三章悉尼与雅典奥运会为例介绍。

中国首次参加冬奥会

正式的冬季奥林匹克运动会始于1924年。当时，法国的夏蒙尼市承办了当时被称为"冬季运动周"的运动会，两年后国际奥委会正式将其更名为第1届冬季奥林匹克运动会。冬季奥运会的内容以本书第10章北京冬季奥运会为例介绍。

冬季奥运会

思 考 题

1. 试述奥林匹克运动三大支柱之间的关系。
2. 讨论奥林匹克运动名言与格言的关系。

延伸阅读

奥运精神：体育颂

啊，体育，天神的欢娱，生命的动力。你猝然降临在灰蒙蒙的林间空地，受难者激动不已。你像是容光焕发的使者，向暮年人微笑致意。你像高山之巅出现的晨曦，照亮了昏暗的大地。

啊，体育，你就是美丽！你塑造的人体变得高尚还是卑鄙，要看它是被可耻的欲望引向堕落，还是由健康的力量悉心培育。没有匀称协调，便谈不上什么美丽。你的作用无与伦比，可使三者和谐统一，可使人体运动富有节律，使动作变得优美，柔中会有刚毅。

啊，体育，你就是正义！你体现了社会生活中追求不到的公平合理。任何人不可超过速度一分一秒，逾越高度一分一厘。取得成功的关键，只能是体力与精神融为一体。

啊，体育，你就是勇气！肌肉用力的全部含义是敢于搏击。若不为此，敏捷、强健有何用？肌肉发达有何益？我们所说的勇气，不是冒险家押上全部赌注似的蛮干，而是经过慎重的深思熟虑。

啊，体育，你就是荣誉！荣誉的赢得要公正无私，反之便毫无意义。有人要弄见不得人的诡计，以此达到欺骗同伴的目的，他内心深处却受着耻辱的绞缢。有朝一日被人识破，就会落得名声扫地。

啊，体育，你就是乐趣！想起你，内心充满欢喜，血液循环加剧，思路更加开阔，条理愈加清晰。你可使忧伤的人散心解闷，你可使欢乐的人生活更加甜蜜。

啊，体育，你就是培育人类的沃地。你通过最直接的途径，增强民族体质，矫正畸形躯体，防病患于未然，使运动员得到启迪：希望后代长得茁壮有力，继往开来，夺取桂冠的胜利。

啊，体育，你就是进步！为人类的日新月异，身体和精神的改变要同时抓起。你规定良好的生活习惯，要求人们对过度行为引起警惕。你告诫人们遵守规则，发挥人类最大能力，而又无损健康的肌体。

啊,体育,你就是和平!你在各民族间建立愉快的联系。你在有节制、有组织、有技艺的体力较量中产生,使全世界的青年学会相互尊重和学习,使不同民族特质成为高尚而和平竞赛的动力。

第三章 悉尼与雅典奥运会

【内容提要】

奥运会尤其是夏季奥运会是奥林匹克运动的内容体系的核心。本章以悉尼奥运会和雅典奥运会为例,介绍了奥运会城市的遴选,奥运会正常运作所涉及的组委会的功能、场馆以及涵盖运动会始终的开闭幕式、运动成绩在内的广泛内容,旨在使大学生对夏季奥运会在整体上有一定的认识,提高大学生全面欣赏奥运会的水平。

【学习目标】

1. 简述奥运会举办城市遴选的程序。
2. 了解奥运会项目设置的条件。
3. 简述悉尼、雅典奥运会会徽的意义和内涵。
4. 了解悉尼、雅典奥运会吉祥物的意义和内涵。
5. 试述奥运会圣火的由来和意义。
6. 名词解释:奥运会开幕式、闭幕式。
7. 简述雅典奥运会后世界体育的新格局。

【关键词】

悉尼　雅典　举办城市　会徽　吉祥物　圣火　开幕式　闭幕式

1. 夏季奥运会及其举办城市遴选、参赛运动员资格

奥运会尤其是夏季奥运会是奥林匹克运动的核心内容。其举办对主办城市和参赛运动员均有严格的要求。根据顾拜旦的理想,奥运会应该由世界各国城市轮流主办,这样有利于奥林匹克精神的传播。国际奥委会确定奥运会举办城市目前采用的程序是:由申办城市向国际奥委会提出书面申请,国际奥委会执委会对提出申办的城市进行初步筛选,国际奥委会评估委员会对申办城市进行实

地考察,国际奥委会全会投票确定举办城市,国际奥委会与举办城市签约。

四国争锋 2016 年奥运会

　　对参加奥运会比赛的运动员的要求为:运动员所属的国家和地区奥委会必须是国际奥委会的成员;运动员必须遵守国际奥委会章程;遵守经国际奥委会批准的国际单项体育联合会的规则。国际奥委会章程中还有一些具体的要求,包括不使用禁用的药物和方法、公正比赛和非暴力精神等。运动员如果违反这些规定,将被取消比赛资格,所取得的成绩无效。除了以上基本要求,还有另外一些限制,它们包括:①年龄限制。奥运会的运动员除了在国际单项体育联合会的竞赛规则中由于健康原因有所规定外,没有其他的限制,但是在征得国际奥委会同意的前提下,单项体育组织可以对本项目运动员的年龄进行限制,如国际足球联合会规定,参加奥运会的每个队中只能有 3 名球员年龄在 23 岁以上。②运动员的国籍。参加奥运会的运动员必须是选派他参赛的国家奥委会所在国的国民。如果一个运动员同时是两个或两个以上国家的国民,他只能代表其中一个国家参加奥运会,这个国家由他自己选择。曾经在奥运会、洲或地区的运动会、被有关国际单项体育联合会承认的世界锦标赛或地区锦标赛中代表一个国家的运动员,如果他改变了自己的国籍或取得新国籍,必须在改变国籍或取得新国籍 3 年以后才能代表新国家参加奥运会,但是如果取得了有关国家奥委会和国际单项体育联合会的同意以及国际奥委会执委会的批准,这个期限可以缩短其至取消。如果一个运动员所在的国家是新独立的国家,或他所属的国家奥委会是新被承认的,这个运动员可以选择代表新的或原来所属的国家参加奥运会,但这样的选择机会只有一次。

　　1993 年 9 月 23 日,悉尼在蒙特卡洛国际奥委会会议上以 2 票优势获得第 27 届奥运会举办权。2000 年 9 月 15 日,第 27 届奥运会如期在澳大利亚悉尼举行。本届奥运会共设 28 个比赛项目,共计有国际奥委会下属 199 个会员国家和地区的 10 651 名运动员(女运动员 4069 人,男运动员 6582 人)参加。

2004年8月13日,奥运会在104年以后回归发源地雅典,共有来自国际奥委会201个会员协会的11 099名运动员参加了这届奥运会总共28个大项37个分项301个小项的比赛,而且参与报道本届赛会的新闻记者共有21 500名之多。

2. 奥运会组委会

奥运会组委会是由奥运会主办国的国家奥委会主持成立的专门负责奥运会组织工作的临时机构。组委会负责运动会的接待、财政、竞赛、安全、医务、外事、电视广播、艺术表演、建筑工程、活动计划、奥运器材和保险等事务。其成员主要由奥运会举办国各有关方面人员组成。组委会主席由举办城市的市长或主办国奥委会主席担任,成员必须包括国际奥委会在该国的委员。组委会具有法人身份,可以独立享有法律权利和承担法律义务。从成立到结束,组委会进行的一切活动都应符合《奥林匹克宪章》,符合国际奥委会、国家奥委会和主办城市签订的协议,以及国际奥委会执委会的指示。如发生违反上述规则或不履行协议义务的情况,国际奥委会有权撤销(随时采取并立即生效)主办城市、奥运会组委会和国家奥委会举办奥林匹克运动会的任务。

人与自然和谐

悉尼奥运会组委会(SOCOG)是在1993年11月12日,根据新南威尔士州议会法案成立的。组委会由14名来自各方面人士组成的董事会领导。董事会主席是新南威尔士州奥林匹克部长迈克尔·奈特(Michael Knight),第一副主席是澳大利亚奥委会主席约翰·科茨(John Coates),副主席有悉尼市长弗兰克·萨特(Frank Sartor)和国际奥委会委员凯万·高斯帕(Kevan Gosper)。组委会下设执行办公室,新闻部,仪式部,动力部,场地运行部,后勤部,工程管理和特殊任务部,体育部,技术运行部,火炬接力部,奥运村运行部,形象、活动及艺节部,通信及社团关系部,财务部,法律部,票务部,赞助商部,商品部,技术开发部等多个部门。组委会另外还设立了新闻、体育、财务、文化、审计、市场开发、人力资源、火炬传递、多文化、民俗、志愿者和奥运村等咨询委员会,以加强管理。

3. 项目设置

国际奥委会规定,得到国际奥委会承认的国际单项体育联合会列入奥运会正式比赛的运动大项的批准条件是:夏季奥运会的男子项目至少需在75个国家四大洲,女子项目至少需在40个国家三大洲得到广泛开展;冬季奥运会的项目至少在25个国家和三大洲得到广泛开展。

4. 奥运会主体育场

奥运会主体育场是奥运会最重要的场馆,通常都称为奥林匹克体育场,一般开幕式、闭幕式、田径比赛和部分足球比赛都在这里进行。奥林匹克圣火要在主体育场醒目的位置燃烧直到奥运会结束。奥运会结束以后,主体育场往往成为一个城市具有纪念意义的标志性建筑。

悉尼奥林匹克运动场

悉尼奥运会共使用36个赛场,其中主赛场也是奥运历史上最大的室外赛场。它位于Homebush海湾的悉尼奥林匹克公园,距悉尼市14公里,其耗资达6.9亿美元。悉尼运动场可以容纳观众110 000人,正面弧形看台下可并排摆下4架波音747。整个体育场由一个巨大的弧形结构支撑,占地3公顷。它的屋顶用半透明的聚碳酸酯材料建造,以使屋顶的阴影减到最小,也使直接射在草坪上的阳光最少。这给电视转播和观众观看创造了理想的条件。较之于悉尼,2004年雅典奥运会的主体育场——奥林匹克体育场则小了许多,仅能够容纳55 000名观众。

5. 奥林匹克村

奥林匹克村又叫奥运村或者运动员村,是奥运会主办者为参加奥运会的运动员、官员和工作人员提供的住宿地。在初期的奥运会上,来自各国的选手和官员分散在各个宾馆里面,这不利于奥运会的组织工作和各国运动员之间的联系交流。1924年第8届奥运会在巴黎举行,主办者第一次将参加者集中安置在特意建造的木制房屋中,这就是最早的奥运村。1932年洛杉矶奥运会,该市在离主体育场不远的地方专门建造了供运动员和正式工作人员居住的建筑群,从此这个做法成为一个传统。随后,《奥林匹克宪章》规定,各国代表团入住奥运村都要举行一个简单而庄重的入村仪式。首先由村长致欢迎辞,代表团团长致答谢辞,然后奏代表团所属国的国歌,最后升起代表团国家的国旗。

悉尼奥运会首次实现所有运动员都住在一个奥运村里,而且比赛场馆集中方便,所有比赛场馆距离奥运村少于30分钟的路程,所有训练场馆距离奥运村少于45分钟路程。

6. 奥运会会徽

奥运会会徽是奥运会最具权威性的形象标志。根据《奥林匹克宪章》规定,未经奥运会组委会同意,各主办国设计的会徽不得用于广告和商业服务。这一规定保证了奥运会会徽的严肃性和权威性。自1896年雅典奥运会以来,历届奥运会均有会徽设计。

悉尼奥运会会徽

2000年悉尼奥运会的会徽的名字为"新千年运动员","他"有着多种含义:

一个一眼就能识别出的带有澳大利亚人体形和肤色的运动员造型,体现了悉尼对本届奥运会的渴望精神;"新千年运动员"的构成十分独特,"他"由澳大利亚人十分喜爱的,也是土著居民狩猎常用的一种硬木曲形飞镖以及太阳和岩石的造型组成,在蓝色的背景下,"新千年运动员"的白、黄、红三种颜色分别代表着港湾、沙滩和红土地,寓意着澳大利亚特有的地形地貌和原始居民;白色锐角形曲线象征着奥林匹克火炬的火焰,同时也象征着悉尼歌剧院的流线型造型;会徽的三种颜色还代表着土地、空气和水,"新千年运动员"的造型也表达了澳大利亚在奥林匹克的征程上勇往直前。

2004年雅典奥运会会徽的主体是一个橄榄枝缠绕而成的桂冠,形状为古雅典城形状。在古代奥运会中,桂冠代表冠军的荣耀。此外,橄榄树在雅典还被视为圣树。橄榄枝象征和平,组成的图案同时也象征生命圈、天空和大海。

雅典奥运会会徽

7. 奥运会吉祥物

奥运会吉祥物(Olympic mascot)一词,源于法国普罗旺斯语 mascotto,直到19世纪末才被正式以 mascotte 的拼写收入法文词典,英文 mascot 由此衍变而来,意为能带来吉祥、好运的人、动物或东西。为冬季奥运会设计吉祥物始于1968年格勒诺布尔第10届冬季奥运会。夏季奥运会吉祥物在1972年慕尼黑奥运会上首次正式出现。从此以后,吉祥物便成为每届奥运会都必不可少的形象元素。

2000年悉尼奥运会的吉祥物共有3种,分别是澳大利亚特有的动物鸭嘴兽、针鼹和笑翠鸟。澳大利亚人还专门为他们起了好听、易记且富有内涵的名字:悉德、米莉和奥利,取自 Sydney、Millennium 和 Olympic Games 三个英文单词,分别代表着悉尼、新千年和奥运会。作为三人组合,他们还共同代表着水、土地和空气。三个可爱的小动物象征着澳大利亚这片土地上开放、友好、热爱体育和乐观向上的人民。据统计,悉尼奥运会吉祥物的收入高达2.13亿美元。

悉尼奥运会吉祥物

2004年8月举办的第28届雅典奥运会的吉祥物,是以古希腊陶土雕塑玩偶"达伊达拉"为原型设计的两个被命名为雅典娜和费沃斯的娃娃,他们长着大脚丫,长长的脖子,小小的脑袋,一个穿着深黄色衣服,一个穿着深蓝色衣服,头和脚为金黄色,十分可爱。根据希腊神话故事记载,雅典娜和费沃斯是兄妹俩。雅典娜是智慧女神,费沃斯则是光明与音乐之神。雅典娜和费沃斯代表了希腊,代表了体现合作、公平竞争、友谊和平等的奥运精神,同时体现了雅典奥运会的4个核心价值:遗产、参与、庆典和人类本身。雅典奥运会吉祥物收入为2.01亿美元。

雅典奥运会吉祥物

第三章 悉尼与雅典奥运会

8. 奥运圣火、火炬接力

奥运会期间在主体会场燃烧的火焰即是奥林匹克圣火,象征着光明、团结、友谊、和平、正义。圣火,起源于古希腊神话传说。古希腊神普罗米修斯为解救饥寒交迫的人类,瞒着宙斯到阿波罗太阳神那里偷取火种,带到人间,火到人间就再也收不回去。宙斯只好规定,在燃起圣火之前,必须向他祭祀。于是古奥运会开幕前必须举行隆重的点火仪式,由祭司从圣坛上燃取奥林匹克之火,所有运动员一齐向火炬奔跑,最先到达的三名运动员将高举火炬跑遍希腊,传谕停止一切战争,开始四年一度的奥运会。

现代奥林匹克运动创立以后,最初并没有承继这个传统。直到1920年安特卫普第7届奥运会上,为了悼念第一次世界大战中死去的人们,主办者在主会场点燃了象征和平的火炬,但没有进行火炬传递活动,火种也不是从奥林匹亚采集的。1934年,国际奥委会在雅典正式做出决定,在奥运会期间,从开幕到闭幕,主会场要燃烧奥林匹克圣火,并且火种必须采自奥林匹亚,以火炬接力的形式传到奥运会主办城市。从此,圣火传递成为每一届奥运会必不可少的仪式。2000年悉尼奥运会火炬接力在希腊境内传递了10天,之后历经2.7万公里抵达澳大利亚土著圣地乌卢鲁,动用了船只和蛙人来运输火炬,前后共历时127天,使之成为迄今为止历时最长的一次传递活动。除了奔跑,澳大利亚人还动用了骆驼、独木舟、太阳能汽车等。在大堡礁,圣火还经历了一次水下传递。

奥运圣火采集仪式在古奥林匹亚赫拉神庙举行

为了纪念奥运会重新回到故乡,组委会对雅典奥运会开幕前的圣火传递路线进行了精心设计。本次奥运会火炬首次传遍了全世界的五大洲,并首次到达了非洲和南美洲,使世界各地的人们都有机会参与并体验这一盛大活动。圣火传遍历史上举办过夏季奥运会的所有城市,使这些城市有机会再次亲眼看见奥运圣火,再次体验到奥运会带来的快乐。此外,火炬还到达了一些有特殊意义的城市,如欧盟中心城市布鲁塞尔、国际奥委会总部所在地洛桑以及下届奥运会主办地北京等。整个火炬传递过程共用78天,在全世界传递了78 000公里,并传遍希腊所有行政大区和所有州。

弗尔曼点燃悉尼奥运会主火炬

9. 开幕式

开幕式(opening ceremony)历来都是奥运会的重头戏。在开幕式上既要反映出以和平、团结、友谊为宗旨的奥林匹克精神,也要展现出东道国的民族文化、地方风俗和组织工作的水平,同时还要表达对世界各国来宾的热情欢迎。开幕式上,除了进行一系列基本的仪式外,一般都有精彩的富有民族特色的团体操和文艺或军事体育表演。

开幕式主要有以下仪式:奥运会组委会主席宣布开幕式开始。国际奥委会主席和奥运会组委会主席在运动场入口迎接东道国国家元首,并引导他到专席就座。各代表团按主办国语言的字母顺序列队入场,但希腊和东道国代表团例外,希腊代表团最先入场,东道国代表团最后入场。奥运会组委会主席讲话,国际奥委会主席讲话。东道国国家元首宣布奥运会开幕。奏《奥林匹克圣歌》,同时奥林匹克旗以水平展开形式进入运动会场,并从赛场的旗杆上升起。奥林匹克火炬接力跑,点燃奥林匹克圣火。运动员宣读誓言,裁判员宣读誓言。奏或唱主办国的国歌,各代表团退场。这些仪式结束以后,是团体操或其他文艺表演。

这是历届奥运会开幕式工作量最大、准备时间最长、花费最多的项目,东道国往往提前一两年即开始准备,并挖空心思,以期能以恢宏的气势、独特的民族精神吸引来宾。开幕式的成败,在很大程度上取决于团体操和表演的效果。开幕式突出的是庄严、隆重。

雅典奥运会开幕式

10. 闭幕式

闭幕式必不可少的程序有各代表团的旗手按开幕式的顺序一列纵队进场,在他们后面是不分国籍的运动员队伍,旗手在讲台后形成半圆形。国际奥委会主席和当届奥运会组委会主席登上讲台,希腊国旗从升冠军国旗的中央旗杆右侧的旗杆升起,主办国国旗从中央旗杆升起,下届奥运会主办国的国旗从左侧旗杆升起。主办城市市长登上讲台,并把会旗交给国际奥委会主席,国际奥委会主席再把旗交给下届奥运会主办城市的市长。奥运会组委会主席讲话,国际奥委会主席致闭幕辞。紧接着,奥林匹克圣火在号声中熄灭,奏《奥林匹克圣歌》的同时,奥林匹克会旗徐徐降下,并以水平展开形式送出运动场,旗手紧随其后退场,同时奏响欢送乐曲。各代表团退场。最后,进行精彩的文艺表演。闭幕式突出欢乐的气氛。

11. 比赛成绩国家排名

根据《奥林匹克宪章》规定,奥运会的比赛是运动员个人之间的比赛,国际奥委会不排定各个国家在世界上的名次,而是由奥运会组委会建立一部记载每个项目的奖章和奖状获得者(前八名)名字的荣誉册,交由国际奥委会保存。另外,每个奖章获得者的名字应显著地加以登载,并且在主体育场永久展示。各种媒体所看到的排行榜都是非正式的。这种排行一般有两种标准,一种是根据代表团的积分,另一种是根据各代表团所获得的金牌或奖牌数。

五环旗交接

悉尼奥运会比赛结果,美国继续保持强国之势,俄罗斯实力逐步恢复,两国以超强实力占据奖牌榜前两名;中国超水平发挥,首次进入奖牌榜第三位;老牌强国德国这次终于被挤出三强之列,位列第五;澳大利亚发挥了东道主优势,进入第二集团前列。本届奥运会获得金牌的国家有51个,获得奖牌的国家和地区有80个,与1996年奥运会53个获金牌国家和地区及79个获奖牌国家和地区基本相当。本届奥运会打破了34项世界纪录和77项奥运会纪录,仅开赛第一天就打破9项世界纪录,第二天又5次刷新了4项纪录,这是自1968年墨西哥奥运会以来破世界纪录最多的一次。

12. 悉尼奥运会:有史以来最好的一届奥运会

2000年悉尼奥运会在组委会长达7年的不懈努力下,开展得十分成功,受到普遍赞扬。奥运会的开幕式和闭幕式都以新颖的方式和数不清的"意外"给全世界人民留下了极为深刻的印象,充分展现了澳大利亚人的智慧、幽默和热情,也体现了其独特的文化底蕴和色彩。国际奥委会主席萨马兰奇在闭幕式上的致辞中称本届奥运会"是有史以来最好的一届奥运会",这也是对本届奥运会的最好评价。本次奥运会首次实现所有运动员都住在一个奥运村里,而且比赛场馆集中方便,除足球外,所有项目都在悉尼举行。所有比赛和训练场馆距离奥运村少于45分钟路程。组委会承担了所有参加奥运会的运动员和代表团官员的往返机票费用,以及比赛用运动设备和器材的往返运输费用,包括马匹和船艇等。悉尼奥运会的电视转播也创下了历史纪录,220个国家和地区转播了本届奥运会,而亚特兰大奥运会为214个国家和地区,巴塞罗那奥运会为193个国家和地区。第27届奥运会以体育、文化、环保等多方面的完美结合而载入奥运史册。

魅力奥运

13. 雅典奥运会:难忘的、梦幻般的运动会

作为"9·11"恐怖袭击事件后首次举行的夏季奥运会,希腊为保证雅典奥运会的平安举行而投入了12亿欧元的巨额安保费用。雅典奥运会筹备和组织工作在"最后一分钟"完成,交通、通信、接待、安保等各个环节顺利运转,得到普遍好评。雅典奥运会开创了小国成功办奥运的"希腊模式"。国际奥委会主席罗格称其为"难忘的、梦幻般的运动会"。本届奥运会金牌榜前三名的顺序为美国35金103枚奖牌、中国32金63枚奖牌、俄罗斯27金92枚奖牌,排列第四位的澳大利亚仅获17枚金牌,奖牌数只有49枚,被第一集团的三个代表团远远甩在身后。世界体坛演变的新格局打破了以往把美、俄划分为第一集团(在悉尼奥运会前还有德国队),把中国、澳大利亚等十余国列为第二集团,将其余国家和地区归为第三集团的分类法。雅典奥运会以精彩的开幕式永驻人们心中。

思 考 题

1. 试述奥运会开闭幕式的程序。
2. 试述悉尼与雅典奥运会的成功对北京的启示。

延伸阅读

奥运英雄：迈克尔·约翰逊

迈克尔·约翰逊（Michael Johnson），美国籍田径巨星。高中时代即显示出非凡体育才能的迈克尔·约翰逊，1988年即在美国田径锦标赛上获得男子200米、400米跑两项冠军。在1990年到1997年间，他在自己的最强项400米中连续夺得58个冠军；他同时还是200米好手，在1990年到1992年间他共获得32个200米冠军。1996年6月23日，美国奥运会田径预选赛上，迈克尔·约翰逊以19.66秒的成绩打破了沉寂17年之久的男子200米世界纪录。亚特兰大奥运会的200米世界纪录和200米、400米两枚金牌使迈克尔·约翰逊的事业达到了顶峰。1999年世界锦标赛的决赛中，迈克尔·约翰逊以43.18秒改写了他的同胞雷诺兹保持了11年的400米世界纪录。他那种挺起上身、扬着脖子的跑姿，成为400米赛道上一道独特的风景线。2000年悉尼奥运会上，33岁的他又获得400米冠军（43.84秒）和4×400米冠军（最后一棒），在这届奥运会后，他光荣退役。

中篇 奥林匹克运动与现代社会

现代奥林匹克运动经过 100 多年的发展，在文化、教育、经济、科技、政治等领域为人类社会进步做出了卓越贡献，被评为 20 世纪世界上最有影响的事件之一。随着时间的推移，人们认识到奥林匹克运动在政治、文化、经济等方面的推动作用有着可持续发展的影响。在政治上能树立国家形象，加强各民族人民之间的团结；在文化上，弘扬优秀传统文化；在经济上，能增加就业人数，改善投资环境，带动区域经济的发展，加速民族产业之间的广泛交流。现代奥林匹克运动在人文价值上得到了进一步的挖掘。它不仅是科学理想的深情寄托，更是公平竞争的光辉典范。它与人类文明的发展、交流、融合、进步紧密地联系在一起，是人类文明的一个重要载体和组成部分。它以体育运动作为基本的中介形式，但它提出奥林匹克精神远远超出体育场的范围。另外，它对于社会的诚信、和谐、环境等社会进步诸方面也有重要的促进作用。本篇只介绍它与政治、科技、文化、经济的关系。

第四章　奥林匹克运动与文化

【内容提要】

　　青少年是体育活动的主体,从学龄前参与体育开始,到整个青少年时期,体育都是一种非常好的教育方式,它能够帮助广大青少年成长为健康向上、品质优良的人。奥林匹克文化提供给青少年优秀的体育精神食粮。在奥林匹克运动发展过程中,其核心内容是:奥运会是以体育运动为基本内容的一种社会文化现象。奥运会和其他大型体育赛事最大的不同是,它不仅仅是一项体育赛事,更是把体育、文化、教育、艺术结合到一起的节日庆典。其形式包括体育竞技、奥林匹克建筑、奥林匹克雕塑、奥林匹克文学等。本节内容旨在强化奥林匹克运动的人文价值,提高大学生的人文价值观。

【学习目标】

1. 简述奥林匹克运动的文化规定与表现形式。
2. 掌握奥林匹克标志的内涵。
3. 了解奥林匹克集邮的历史。
4. 了解奥林匹克绘画和雕塑。
5. 了解奥林匹克博物馆。
6. 简述奥林匹克艺术节与本土化。

【关键词】

　　文化　奥林匹克标志　邮票　纪念品　博物馆　艺术节

1.《奥林匹克宪章》的文化规定

奥运会组委会必须制订一项文化活动计划,并事先提交国际奥委会批准。该计划应为促进奥运会参加者和其他与会人士的和谐关系、相互了解和友谊提供服务。

文化活动计划应包括：

(1)在奥运村举办象征人类文化的普遍性和多样性的文化活动。

(2)在主办城市举行具有同样目的的活动,并保留一定数量座位,免费提供给国际奥委会认可的参加者。

(3)文化活动至少必须贯穿整个奥运村开放时期。

在奥运会期间以文艺手段宣传奥林匹克思想,增强奥运会文化气氛的活动,是奥运会不可缺少的重要组成部分。

奥运会文化

2. 古代奥运会传统

体育竞技与文艺活动结合进行,原是古奥运会的传统。自公元前444年第84届古奥运会把文艺比赛同样列为奥运会正式项目开始,由诗人、作家、演说家、音乐家和其他艺术家参加的奥运会更加丰富和有活力,获胜者同样授予奥林匹克奖,借以促进文化艺术的繁荣。这种文化形式的记载和传播使古奥运会精神得以继承和不断发展。

顾拜旦手稿《体育颂》

复兴后的现代奥运会以艺术、文化与体育关系为主题,在 1906 年举行的奥林匹克代表大会上,倡议在每届奥运会期间同时举行以文化为内容的艺术赛会,并设文艺大奖。根据这一精神,1912 年第 5 届奥运会开始设立文艺比赛。文艺比赛也分项设立金牌、银牌、铜牌,但常因参赛者不齐或水平不够而未全部颁奖。

1912 年第 5 届奥运会文艺比赛的文学奖为《体育颂》,作者是 G. 霍罗德和 M. 埃施巴赫。评奖后得知这是顾拜旦所用的笔名。

3. 奥运会象征性标志

(1)奥林匹克标志。奥林匹克标志是由《奥林匹克宪章》确定的。它由 5 个奥林匹克环套接而成,可以是单色,也可以是蓝、黄、黑、绿、红 5 种颜色。奥林匹克标志象征五大洲和全世界的运动员在奥运会上相聚一堂,充分体现了奥林匹克主义的内容,"所有国家—所有民族"的"奥林匹克大家庭"主题。

根据 1991 年最新版的《奥林匹克宪章》"奥林匹克标志"的附则补充,奥林匹克旗和五环的含义不仅象征着五大洲的团结,而且强调所有参赛运动员应以公正、坦诚的运动精神在比赛场上相见。国际奥委会还要求各国必须采取必要的措施,保护奥林匹克标志,以确保奥林匹克运动的权威性,避免奥林匹克标志被滥用。

色彩缤纷的五环

(2)奥运会纪念章。奥运会纪念章是为宣传和纪念奥运会的举办而发行的一种纪念品。

国际奥委会颁发的纪念章有两种:一种是给奥运会奖牌(包括金、银、铜牌)获得者的纪念章;另一种是发给奥运会参加者的纪念章,作为他们参加过世界上最盛大的运动会即奥运会的象征。

希腊雅典第1届奥运会奖牌

（3）奥运会会徽。每一届奥运会组委会都为所举办的奥运会设计一种独特的会徽（也称为会标）。奥运会会徽的图样不仅要体现奥林匹克精神，而且还要反映出东道国和奥运城的特征。奥运会会徽图案必须报送国际奥委会审查批准。

奥运会的会徽图样通常是通过广泛公开征集，择优选中的。历届奥运会会徽的图案千差万别，但都有一个共同的标志，即相互套连的奥林匹克五环标志。同时衬以表现奥运会举办城市和东道国历史、地理、民族文化传统等特点的主体图案，使人一眼就可看出奥运会举办的时间和地点。

奥运会会徽是具有历史纪念意义的艺术性标识。

4.奥林匹克收藏（集邮、纪念币和纪念品）

奥林匹克收藏随现代奥运会的复兴和发展而形成。在国际上，奥林匹克收藏已形成三大系列，即奥林匹克集邮、奥林匹克纪念币收藏和奥林匹克纪念品收藏。奥林匹克集邮指收集奥林匹克邮票和其他邮政品。1896年希腊为第1届奥运会发行一套12枚邮票。1912年瑞典为第5届奥运会第一次启用奥运会邮戳。后来，不仅主办国，而且许多非主办国也发行奥运会邮票、纪念邮戳、宣传邮戳及其他邮政品。1992年一年，世界各国仅发行奥运会邮票就达1200多枚。初期人们只是自发地收集，第二次世界大战后，奥林匹克集邮迅速普及，并出现了奥林匹克邮集。最初主要是传统类，20世纪60年代后开始出现专题类奥林匹克邮集。

第四章　奥林匹克运动与文化

1912年奥运会纪念邮票

　　1982年,国际奥委会成立国际奥林匹克集邮联合会(HPO),一些国家也相应成立了本国的奥林匹克集邮组织。1986年,中国体育集邮协会成立,同时举办多次展览和其他活动,奥林匹克集邮得到进一步的发展。进入20世纪90年代,奥林匹克集邮不仅具备了较为广泛的群众基础,而且邮票数量和种类也在增多,水平进一步提高。

希腊古币

奥林匹克纪念币收藏是指专门收集奥林匹克纪念币,收藏内容包括以古希腊奥运会比赛项目和宙斯神、赫拉神为图案制造的金质和银质币。这些均历时千余年,现存世不多,为收藏珍品。1964年,奥地利为第9届冬季奥运会发行银质纪念币一种。以后,每一届冬、夏季奥运会主办国也开始发行金质、银质纪念币。中国人民银行从1979年起多次发行奥运会金、银币,使得中国的奥林匹克纪念币收藏形成了一定规模。

奥林匹克纪念品收藏是指收集与奥林匹克运动有关的各种有纪念意义的物品。这是比较庞杂的一类,除以上邮品和纪念币外,其他物品几乎均包括在内,主要有奥运会的奖牌、火炬、纪念牌、证章、身份证、宣传画、比赛秩序册、成绩册、指南手册、服装、器材、队旗、会徽、吉祥物、纪念章、门票,乃至带有奥林匹克标志的包装品等。自第1届奥运会举办时起,人们就开始了收藏活动,如今发展迅速。1993年,国际奥委会成立了奥林匹克纪念品收藏者协会(ACOM),一些国家也有相应组织成立,对奥林匹克收藏活动起了进一步的推动作用。

5.奥林匹克绘画

奥林匹克绘画可以追溯到古希腊奥运会。现在人们所能见到的多为古瓷瓶上的人体绘画、古建筑浮雕及画像石等。古希腊强调精神与肉体的和谐,因此,古奥运会竞技的突出特点是崇尚人体健美。以奥运竞技选手为内容的绘画是人类的杰作,在古希腊绘画中占有相当比例。为此,崇尚人体健美也是古奥运会竞技的目标。古希腊绘画绝大部分均可称为"奥林匹克绘画"。古希腊时期规定只有连续3次获奥运会冠军的人,才有资格用雕像来纪念,因此当时的艺术活动是同奥运会的目的名实相符的。

奥运宣传画

在进入现代奥林匹克运动时期之后,奥林匹克题材的绘画呈现出多元的发展趋势,这种多元特征体现在表现手法、绘画材料和工具、主题内容和艺术个性等方面。立意、构图、造型、色彩等具体的绘画元素缤纷多彩,在每届奥运会期间的主题绘画艺术展上,都可以看到各国艺术家的作品。

从1956年第16届奥运会起,以会徽设计为代表的奥林匹克绘画开始摆脱人体的主题,进入装饰美术的范畴,奥运会的五环造型取代了人体主题的固定标志。奥林匹克绘画中主题和表现手法的变化是与当代艺术的发展特征相一致的。顾拜旦先生当年选用五环这种装饰性造型作为奥林匹克标志,是与他优良的教养和鉴赏力分不开的。奥林匹克标志的创作已为奥林匹克绘画的多元可能性奠定了基础。在近几届奥运会的宣传画创作中,这种多元化得到了充分的表现。广告体的奥林匹克绘画,其图形本身是一种映衬,通过一种人体形象符号,把要宣传的事物一目了然地表现出来。艺术家们大量借用现代科技的手段,强化奥林匹克绘画的效果。光效应等手法以及线条的波动不仅反映了运动的特征,且有极好的装饰感。当今,电脑绘画技术也运用于奥林匹克绘画创作,亚特兰大奥运会的吉祥物就是电脑科技的产物。

6.奥林匹克雕塑

与奥运会有关的雕塑始见于公元前7世纪。在古希腊的奥林匹亚有数千座雕塑,其中大量作品是为奥运会竞技优胜者塑造的。公元前4世纪的雕塑家利西波斯(Lysippus)的《刮汗污的运动员》,塑造了一名正在擦去手臂上油污的竞技者,作品结构匀称,人物神态安详,优雅而自信,是少见的艺术珍品。今天人们最为熟悉的可以说是雕塑家米隆(Myron)在公元前450年创作的《掷铁饼者》了,该作品原作已遗失,得以传世的是罗马时期的大理石复制品。

掷铁饼者

现代奥运会继承了古希腊的传统,也激发了艺术家的灵感。正如顾拜旦所说:"体育运动可被视为艺术的创造者和艺术创作的契机,因为它创造美,生活的艺术品——运动员。"20世纪初饮誉世界的法国雕塑家罗丹(Auguste Rodin),就是以运动员身体为模特,于1901年创作了著名的《美国运动员》(The American Athlete)铜塑。此外,布代勒(Antoine Bourdelle)的箭手《赫拉克勒斯》(Heracles)也是不多见的传世之作。该作品的模特是法国运动员潘戈(Doyen Pangot),为了完成这件作品,他保持一种累人的姿势前后达9个小时之久。1910年,这件雕塑在巴黎展出,得到高度评价。目前这两件作品均陈列在瑞士洛桑的奥林匹克博物馆内。

1968年,墨西哥奥运会组委会举办了一项名为"友谊与艺术之路"的文化活动,来自五大洲16个国家的18名雕塑家参加了这项活动。其中用水泥筑起的雕塑高达18米,成为该市的景观之一。

汉城奥运会的组织者在1987年夏和1988年春举行了两次国际野外雕塑研讨会,邀请30个国家的雕塑家到韩国创作。组委会在汉城建立了奥林匹克公园,公园里不仅有绿草,还汇集了世界各国雕塑家的200余件作品。这个独具特色的雕塑公园的正门被称为"和平之门"。公园中有一座奥林匹克运动的纪念雕塑,由各国运动员从自己国家带来的石头建成。131个国家及个人捐赠的共4875块形态各异的石头,来自天南海北,堆积一起,象征人类和平相处的大同精神,在汉城留下永久的纪念。在国际奥委会总部所在地洛桑,奥林匹克雕塑也为该市增色不少。在奥林匹克博物馆入口右侧有一个运动员强壮的腰腹部位造型的巨大雕塑,名为《更快、更高、更强》。雕塑分为6块,时合时分,合则构成一个完美的整体,健美有力,分则化静为动,体现出生命的韵律。这座构思巧妙、集静态与动态美于一身的作品,出自西班牙艺术家贝罗卡尔(Miguel Berrocal)之手。

中国艺术家朱成和田金锋在奥林匹克理想的启迪下,分别创作出《千钧一箭》和《走向世界》两部雕塑杰作。这两部作品在1985年中国首届体育美术展上获雕塑类作品特别奖,并获得国际奥委会颁发的奖杯。1989年中国奥委会将它们赠予国际奥委会,现陈列于奥林匹克博物馆和洛桑奥林匹克公园。

7. 奥林匹克博物馆(Olympic Museum)

奥林匹克博物馆隶属国际奥委会,位于瑞士洛桑市乌希湖畔的奥林匹克公园内,1993年6月23日开馆,负责奥林匹克文物资料、档案的收藏、保护和展览,进行奥林匹克研究,宣传奥林匹克宗旨,用奥林匹克精神进行社会教育,并为国际奥林匹克大家庭和公众服务,是迄今为止世界上收藏最完整、最著名、最有活力的体育博物馆。

奥林匹克博物馆

建立奥林匹克博物馆,保存几千年来奥林匹克运动留给人类的宝贵物质与精神财富,使其发挥教育作用,一直是现代奥林匹克运动的创始人顾拜旦的一个梦想。1915年国际奥委会迁至洛桑时,第一座临时博物馆也宣告落成,以后又随国际奥委会总部多次迁移。顾拜旦先生去世后,奥林匹克运动经历了较长时间的挫折,奥林匹克博物馆一直未能找到一个固定的场所,到20世纪60年代,博物馆已相当破旧,处于半关闭状态。国际奥委会多年来收藏的文物未能像顾拜旦先生"梦想"的那样发挥作用。国际奥委会第6任主席基拉宁曾无奈地说:"我希望博物馆将来能有所作为,现在它需要时机和经济支持。"1980年萨马兰奇当选国际奥委会主席后,成功地解决了选址和资金问题,聘任资深博物馆学家蒙雷亚尔(Luis Monreal)做业务主管,亲任奥林匹克基金会主席,以确保博物馆的运作。1988年奥林匹克博物馆破土动工,1993年6月23日作为奥运百年的庆典之一,奥林匹克博物馆开馆。顾拜旦先生的梦想终于变成了现实。

奥林匹克博物馆建筑面积为11 000平方米,展览面积为3400平方米。其中展览共分五部分:①古代奥林匹克的历史。有100多件从希腊、罗马、奥地利和匈牙利等国家博物馆和私人收藏家手中借展、复制以及捐献来的瓷器、青铜器、大理石雕塑等文物,是在奥林匹克运动不朽的历史长河中沉积下来的体育艺术,生动形象地展示了古代奥林匹克运动的起源、兴盛和衰亡的历史。②现代奥林匹克的历史。将著名运动员捐献的文物资料、各种因奥林匹克运动而产生的遗存物与现代声像技术相结合,真实地展现从1896年至今的夏季奥运会和1924年以来的冬季奥运会;从1894年当选的首任主席维凯拉斯到现任主席罗格等8任国际奥委会主席的简况,各个国家或地区奥委会和各国际单项体育组织的简况。通过客观地表现奥林匹克运动三大支柱的活动状况,宣传奥林匹克宗旨,倡导奥林匹克精神,扩大奥林匹克运动对世界进步与发展的影响,从而使观众受到启迪和教育。③顾拜旦个人展。有100多件顾拜旦的遗物、档案材料和书信等文物,通过原物陈列、原状复原等展览形式,再现了顾拜旦的个人生活、工作环境、对现代奥林匹克运动的贡献,以及对现代体育和社会所产生的重大影响。④奥林匹克邮票和纪念币展。收藏了来自137个国家的12 000多枚奥林匹克邮票和600多枚奥林匹克纪念币,萨马兰奇先生捐献了他的所有邮品,是目前世界上最珍贵、最完整的奥林匹克邮品和纪念币展。该展厅还介绍纪念币的制作过程,展示其制造工具,同时展出的还有奥运会会标和宣传画等内容。⑤临时展厅。这一展厅总是通过内容的变换给人以新意,尤其在旅游淡季时利用率高。只要与体育、奥林匹克运动以及文化有关的艺术创作都可以在此展出。此外,博物馆还设有视听室、图书馆和研究中心、会议中心、商店和咖啡厅等。

  1999年6月23日—10月3日,奥林匹克博物馆举办了"文明与传统——中国体育5000年"体育文物展览,展出中国体育博物馆以及世界上各收藏机构收藏的150件珍贵的体育文物,展示了中国多姿多彩的古代体育文化。

  奥林匹克博物馆以其独特的魅力吸引着来自世界各地的游客,观众数目每年多达20万人,1995年获欧洲博物馆奖,1997年再获此奖。

  8. 奥林匹克艺术节(Olympic Arts Festival)

  1949年罗马奥林匹克代表大会曾提出将奥林匹克艺术比赛改为奥林匹克艺术展览的方案,但未予表决。1950年,赫尔辛基奥运会组委会向国际奥委会提出3种选择方案:①继续举办艺术比赛;②改为艺术展览;③取消这一活动。国际奥委会决定采取艺术展览的方案。这样,奥林匹克艺术展在赫尔辛基首次亮相。1954年国际奥委会全会通过了奥林匹克艺术展的方案,并将"组委会举办艺术展览(建筑、音乐、文学、绘画、雕塑、体育邮票和摄影),也可包括芭蕾舞、戏剧、歌剧或交响乐演出"等文字写入《奥林匹克宪章》第31款。

  现行《奥林匹克宪章》规定,奥运会组委会须制订文化活动计划,并提交国际奥委会执委会批准。内容包括在奥运村举办象征人类文化的普遍性和多样性的活动及主要在主办城市举行同样的活动。文化活动须至少贯穿奥运村开放的整个时期。这种文化展示活动就是奥林匹克艺术节。奥运会期间的文艺活动不仅没有削减,反而更加扩大,发展成为围绕奥运会在举办城市进行的奥林匹克艺术节。艺术节一般由歌舞、戏剧、音乐、电影演出以及各种艺术展览组成。

  9. 奥林匹克艺术节的本土化

  每一届奥运会,无论在哪个国家和地区举办,都会融合本地的一些文化元素。奥运会的主办国要充分利用奥林匹克艺术节展示多姿多彩的本国文化传统,并获取良好的经济效益,因而艺术节举办时间都较长。如墨西哥城奥运会的艺术节为期1年,慕尼黑为10个月,莫斯科为1年半。而洛杉矶奥运会艺术节为期10周,其间举办了20个展览、220场演出,参加艺术节的团体来自世界各国。近年来,奥林匹克艺术节出现了按奥林匹克周期设计,走向系列化的发展趋向。如2000年悉尼奥运会的艺术节跨越4个年度,形成4个主题相互呼应的一个系列。该艺术节始办于1997年,主题为"梦的节日",集中展示澳大利亚的土著文化,有30个展览、14场舞蹈与戏剧、8次大型表演、50场电影和文学节目、3场音乐会及其他活动。1998年的主题为"海之变",集中反映澳大利亚各地丰富多样的文化。1999年的主题为"通向世界",在世界范围交流澳大利亚文化,在五大洲50个国家的150多个城市开展70种文化艺术活动。2000年的主题为"参加悉尼的庆典",于奥运会开幕前1个月开始,各种文艺活动在此时逐渐达到高潮。

奥林匹克艺术节既是对主办国文化的展示,也是世界性的艺术大交流。舞蹈、音乐、文学、绘画、雕塑、摄影、戏剧、建筑艺术、体育集邮等各种艺术形式争奇斗艳,各种艺术形式的创作在更广阔的背景中,不断地获得表现体育运动的本质意义和人的创造价值的机会,以精湛的艺术形式展示了健美的身体与健全的精神和谐交融的文化魅力。艺术节不是简单地参加庆典,它所开创的天地,它所注入的活力,同时也推动着文化艺术的创作走向兴盛和繁荣。

奥林匹克艺术节

思 考 题

1. 简述奥林匹克文化的主要形式。
2. 试述人文奥运的内涵。

延伸阅读

第1届奥运会纪念邮票

奥运邮票

1894年当顾拜旦与12个国家的79名代表决定成立国际奥委会,开创奥林匹克运动时,资金不足曾是困扰他们的最大难题。为此,希腊政府拨款40万德拉玛,邮政部门利用这笔款,发行了一套以古奥运会历史为题材的邮票,高于面值出售,用以募集举办第1届奥运会的资金,并获得了成功。这也是世界上第一批以奥林匹克为题材大面积发行的纪念邮票。希腊发行奥林匹克邮票原先只是为了经济利益,却没有想到这类邮票能够风行世界,产生积极的影响,同时还催生了世界范围内奥运纪念品收藏的大市场。在坎坷的现代奥运史中,邮票扮演着一个极重要的角色,用于筹款的邮票曾一次次为风雨之中的奥运会提供强有力的支持,而恢宏博大的奥林匹克精神则为奥运邮票提供了深远的内涵和丰富的素材。

第五章　奥林匹克运动与政治

【内容提要】

　　奥林匹克运动在创办之初的宗旨是摆脱政治的干扰,但奥林匹克运动作为当今世界上规模最大的社会活动,从一开始就与政治有着千丝万缕的联系。在其发展的过程中,作为一种全人类的文化现象,不可避免地受到国际政治的影响。本章通过对奥林匹克运动发展过程中政治对民族主义和国家主权有关的斗争、国际冲突以及反对种族主义的斗争等多种斗争形式的讲解,力图使学生认识到奥林匹克运动维护世界和平的作用是有限的,并加深对事物本质的认识,提高认识社会和适应社会的能力。

【学习目标】

1. 了解奥林匹克运动本身具有的政治功能表现形式。
2. 掌握政治介入奥林匹克运动的主要形式。
3. 简述"慕尼黑惨案"的奥运历史事实。

【关键词】

　　政治　表现形式　抵制

　　1.奥林匹克运动的政治功能由来

　　发祥于古希腊的古代奥林匹克运动,与古希腊当时的社会经济、政治背景密不可分。经济发达、重视军事、城邦制及各城邦冲突不断,是古奥林匹克运动产生的社会背景基础。正是因为希腊奴隶制经济的较为发达,以及自由民在政治和经济上的相对平等,古代奥林匹克运动才有了产生的可能。准备战争、渴求和平是古代奥林匹克的催化剂,民族主义、国家主义成为古奥林匹克的思想内容,为国、为民族而战成为古希腊体育活动的主要目的,因此,在古希腊体育运动基础上形成的奥林匹克运动带有明显的军事烙印。在随后的发展中形成的"奥林匹克神圣休战"实际上已具备了军事调节功能,从而使奥林匹克运动染上了政治色彩,并具备了政治功能。

奥林匹克神圣休战

2. 奥林匹克运动中的政治问题

皮埃尔·德·顾拜旦创办现代奥林匹克运动的目的是希望用体育来教育青年,并通过世界性的运动会来促进各国人民的友谊和世界的和平。奥林匹克运动的宗旨,是通过开展没有任何形式的歧视并体现奥林匹克精神——互相理解、友谊、团结和公平竞争的精神——的体育活动来教育青年,从而为建立一个和平而更美好的世界作出贡献。

利马遭突袭

和平就是反对战争,而战争是政治斗争的最高形式,所以和平就是一个政治问题。

奥林匹克运动本身所具有的政治功能主要表现在以下几方面:

(1)维持和平,促进各国人民的相互了解。体育是一种国际语言,在统一的规则下,紧张激烈而又公平友好地竞争,这种大规模的人民互相接触、互相了解是维持世界和平的重要条件。在当代国际政治关系史上,奥林匹克运动往往成为结束许多长期难以解决的政治难题的先导。

(2)将爱国主义和国际主义融为一体。奥林匹克的仪式,引发人们的爱国主义意识,增进民族凝聚力。同时,奥林匹克运动又通过向人们显示世界上各个民族的优秀文化、各国运动员出类拔萃的身体能力和精神风貌,教育人们尊敬其他国家,摒弃狭隘的民族中心主义,避免在奥运赛场出现一些不利于运动员比赛的行为事件。

奥运安全防暴

奥林匹克运动不是政治运动,其价值主要在于文化价值,其本身是有着明确、高尚的政治目的。但这种政治目的是以体育运动和运动员为核心,通过国际自由、平等的体育文化交流来实现的。

奥运会的发展必须得到各国政府的支持,这也为各个国家对奥运会的政治介入提供了机会。国家对体育的态度对奥运会的发展具有决定性作用,在引导新闻媒体积极宣传奥林匹克精神,鼓励青年积极参与和提供相应的资助及设施等方面,都离不开各国政府的帮助,特别像奥运会这种程序复杂、耗资巨大的大型赛会的举办,更是需要得到国家的支持。

3.政治在奥林匹克运动中的表现形式

德国体育史学家莱默尔先生说:"运动和政治永远分不开,运动最有兴趣的地方,也是政治家最有兴趣的地方。谁要从事体育运动,谁就摆脱不了政治的影响,否则,就别参加运动。"奥林匹克运动作为一种全人类的文化现象,也不可避免地要受到国际政治的影响。

领奖台上运动员举起戴着黑手套的拳头抗议美国的种族政策

奥运会是一种国际性运动,它通过体育竞赛这一特殊方式进行国际交流,在相对公平的条件下,竞争结果将为社会承认。这为政治斗争,尤其是在和平时期的政治斗争提供了新的竞争舞台,各国都对此给予了普遍的重视。加之当今科技进步促使视听传媒手段飞速发展,进一步扩大了奥运会的影响力,使其常常成为世界瞩目的焦点。

政治对奥林匹克的介入主要表现在以下几方面:

(1)民族主义和国家主权有关的斗争;

(2)国际冲突;

(3)反对种族主义斗争。

4. 政治作用奥林匹克运动的历程

在1896年第1届奥运会上,德国人因未被邀请参加奥运会,组织了一个29人的代表团与大会唱对台戏。

1936年柏林奥运会,大会当着11万名观众的面,将象征着和平的橄榄枝献给法西斯头子希特勒,成了严重玷污和亵渎奥林匹克思想的严重政治事件。

1972年慕尼黑奥运会,巴勒斯坦"黑色九月"成员闯进奥运村,杀害了11名以色列运动员,大会被迫停止了一天,造成了奥运会历史上最大的政治流血事件"慕尼黑惨案"。奥运会被蒙上了浓厚的政治阴影。"黑色九月"是巴勒斯坦激进派组织,曾策划实施多起恐怖活动。1976年蒙特利尔奥运会,扎伊尔、坦桑尼亚等7国抵制这届奥运会,肯尼亚、埃塞俄比亚等21国只参加开幕式,随即退出了比赛。

"慕尼黑惨案"

1980年因苏联入侵阿富汗,数十个国家抵制莫斯科奥运会,使奥林匹克运动遇到严重危机。

1984年洛杉矶奥运会,以苏联为首的14个国家对这届奥运会实行报复性抵制。

1988年汉城奥运会,古巴、朝鲜等6个国家进行抵制。1996年亚特兰大奥运会,奥林匹克公园发生爆炸,造成1人死亡、111人受伤,还有1人因为心脏病发作死亡。

亚特兰大奥运会奥林匹克公园发生爆炸

从上面的实例可以看出,政治对奥林匹克运动是有着深刻影响的。

19世纪末20世纪初,也就是奥林匹克运动诞生之初的一段时间,此时国际政治中主要存在着资本主义国家同殖民地国家之间的矛盾和资本主义列强之间争夺和瓜分殖民地的矛盾;1919年苏联诞生后,无产阶级作为一支新力量登上了国际政治舞台,也由此引发了资本主义国家和社会主义国家间的矛盾。此时,与奥运会有关的政治问题、政治事件大多也与这些矛盾有关。

思 考 题

试述奥林匹克运动与政治的关系。

延伸阅读

"慕尼黑惨案"中被炸直升机

慕尼黑惨案

1972年9月,第20届奥运会在德国慕尼黑举行,参加的国家和地区达121个,盛况空前。9月5日凌晨3时30分,紧张忙碌了一天的人们正在酣睡,万籁俱寂,8名挎着背囊的男子,翻越奥运村的围栏,保安人员没有察觉。过了一刻钟,他们从背囊中取出枪支弹药,闯进以色列体育代表团住所的一个房间里,从睡梦中惊醒的8名运动员和教练,来不及做出任何反抗就被绑架。这是巴勒斯坦的一个极左组织策划的"黑色九月"行动。他们绑架以色列人作为人质,要求释放该组织被捕的250名成员,其中234人被关押在以色列的监狱里,16人在其他西方国家坐牢。清晨6时,"黑色九月"头目戈洛沃兹威逼摔跤教练瓦因贝尔说出其他以色列人的住房,遭到断然拒绝,他朝瓦因贝尔的腿部开了一枪。接着,他指挥同伙们敲开了另一个房间,又抓走了4名以色列运动员。他们决定把12名以色列人质转移到一楼的客厅里,摔跤运动员查巴利趁机跳楼逃走,恐怖分子朝他开枪,他机智地躲进对面韩国运动员的住房。7时15分,"黑色九月"把瓦因贝尔和另一人的尸体从窗口抛到路上,还附上最后通牒,要求西德政府派飞机把他们送往某个阿拉伯国家,同时以色列等国必须释放被关押的250名该组织的成员,否则,他们将处死9名以色列人质。9月5日清晨7时30分,以色列和西德两国政府召开紧急会议,决定派出由西德政府官员、奥运会组委会和有关国际组织代表组成的小组与"黑色九月"进行谈判。谈判一直进行到夜晚9点多,双方达成协议。30分钟后,满载着西德特种部队的装甲车驶进奥运村,紧接着,3架军用直升机降落在以色列体育代表团住所附近的草坪上。"黑色九月"的8名成员荷枪实弹,押解9名以色列人质,分乘3架直升机离开了奥运村。当3架直升机降落在指定的西德边境机场时,5名"黑色九月"成员走出机舱,手持武器,观察四周动静。埋伏在附近大楼里的西德特种部队的神枪手们突然开枪射击。双方激战几分钟后,只有两名"黑色九月"人员当场被击毙,其他3人爬上飞机,枪杀了机舱内的4名以色列运动员,同时又朝关押着5名以色列人质的另一架飞机扔手榴弹,一声巨响,飞机连人炸为碎片,其中还包括两名西德警察和驾驶员。9月6日凌晨2时,11名被杀害的以色列运动员和教练的尸体被用专机运回本国。这就是全世界为之震惊的"慕尼黑惨案"。

第六章 奥林匹克运动与经济

【内容提要】

　　作为一种宏大的社会经济现象,奥林匹克运动经过历史的实践,其市场营销体系是值得深入探讨的。奥林匹克运动为保持其鲜明的人文价值特点,充分利用观赏性文化产品的奥运会和高附加值无形资产的奥林匹克标识,进行包括著名的"TOP"计划在内的各种商业活动。其成功的营销策略给奥林匹克运动注入了新的活力,使得奥林匹克运动在经历了多年的经济危机后,步入20世纪80年代兴旺发达的新阶段。在计划经济向市场经济转型的形势下,经济思维也是大学生必备的基本素质。本章通过对奥林匹克运动相关的经济活动,尤其是奥林匹克运动的营销模式,以及包括奥林匹克运动保持其鲜明的人文主义形象、冬季奥运会和夏季奥运会交替举行、分层分类营销充分开发市场等市场营销策略的讲解,可以让大学生了解奥林匹克运动巨大社会经济现象的同时,丰富经济思维方式,提高经济思维能力。

【学习目标】

　　1.掌握国际奥委会的性质及财务体系。
　　2.简述社会对奥林匹克运动经济投入方式转变历程。
　　3.掌握奥林匹克运动营销的原理。
　　4.掌握奥林匹克运动营销的渠道和策略。
　　5.了解悉尼奥运会营销的状况。

【关键词】

　　财务　经济投入　TOP　营销　赞助

　　1.国际奥委会的性质及财务体系
　　国际奥委会作为瑞士联邦法律承认的、具有法人资格的、无限存在的社会组织,其账目是由在国际享有盛誉的普赖斯瓦特豪斯·库帕斯审计公司(Price Water House Coopers)审计的。内容主要包括国际奥委会收入及功能性、预算外及专项开支。国际奥委会的财务是由国际奥委会常设的专业委员会国际奥委会财务委员会来负责审批、控制的。1982年又成立了国际奥委会新财源委员会,主要负责评估研究国际奥委会和奥林匹克运动财政收入新来源等工作。

2. 奥运会营销及其原理

奥运会营销是指国际奥委会等奥林匹克组织为了获得用于奥林匹克运动发展的各种资源,利用奥运会及奥运会标识所进行的各种商业活动。其营销的目的在于,使国际奥委会获得经济上的独立,减少奥运会商业的不可控性,使世界各地观众能免费观看奥运会比赛,维护奥林匹克理想,保证国际奥委会及奥林匹克大家庭所有成员利益的公平分配。其营销的原理是,奥运会是观赏性较强的文化产品,奥林匹克标识是高附加值的无形资产。

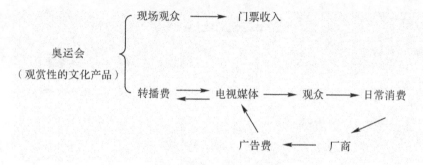

奥运会作为文化产品营销图

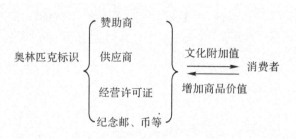

奥林匹克标识营销(TOP计划)图

3. 社会对奥林匹克运动经济投入的方式

社会对奥林匹克运动经济投入的主要对象是奥运会。其方式有两种:非商业性的,如政府拨款、社会捐助;商业性的,即通过商业手段集资。社会对奥林匹克运动经济投入的方式经历了以非商业投资为主到商业性投入为主的变化过程。

奥林匹克运动商业性经济来源的渠道有奥运会电视转播权的出售，奥运会标志的出售，奥运会门票的出售，奥运会纪念币、纪念邮票及吉祥物的出售。在数十年的奥运会营销发展过程中，1984年的营销策略最为成功。在蒙特利尔奥运会陷入经济困境后，洛杉矶1984年在无竞争对手的情况下获得主办权。具有20年商业经历的航空公司老板尤伯罗斯出任本届奥运会组委会主席。拥有大权的尤伯罗斯一改过去的做法，采取以下措施：每个行业只留最大的赞助商为奥运会赞助伙伴，这样减少了商业伙伴的数量；同时采用招标制，对各种赞助、供应商分层处理。最后本届奥运会盈利2亿余美元。以此模式奥运会采用著名的TOP计划。1993年6月，来自电视的收入第一次低于总收入的50%。奥运会步入了良性经济运行轨道。

奥林匹克全球合作伙伴

2020年东京奥运会金牌合作伙伴

奥运会赞助合作伙伴

4. 奥运经济的概念

奥运经济是指举办城市在筹备和举办奥运会期间，以及奥运会后的一段时间内，利用奥运会创造的商机，借势发展本地区经济的一系列活动。另外也有学者把奥运经济定义为从奥运会举办前到奥运会后一定时期（通常是7～10年）、不同区域范围内所发生的，凡是与奥运会举办有直接或间接联系的一切经济和社会活动，当用经济效果来评价，就可以称之为奥运经济。

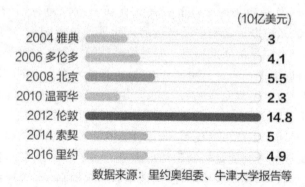

2004—2016年奥运会与体育相关的成本（包括冬季奥运会）

奥运经济在内容上可以划分为红线经济和绿线经济。红线经济就是奥运会组委会与国际奥委会就设限边界进行商讨和灵活应用相应规则所处理的奥运会举办期间的经济事宜。绿线经济就是举办城市借奥运之机加快相关产业的发展，提高城市现代化水平的经济事宜。

也有人认为奥运经济的内容包括三个组成部分：一是直接为举办奥运会而产生的经济活动，如比赛场馆及相关设施的投资及投资拉动等；二是围绕开发奥运会资源进行的经济活动，如奥运会市场开发的各项内容；三是主办城市借奥运契机，发展区域经济、加快城市建设的各种经济活动。一些专家对三个组成部分也有不完全一致的看法，即三个组成部分包括：由于举办奥运会，奥运会组委会在国际奥委会领导下的经济活动所带来的经济效益；由于奥运场馆及相关设施建设带来的经济效益；举办城市与奥运相关产业发展带来的经济效益。

5. 奥运经济的效应

基于不同的角度，奥运经济有着不同特点表述。从发挥作用的机理，可以概括为注意力经济、品牌经济、借势经济。奥运经济是注意力经济，它是由注意力资源的相对集中而给举办城市和国家带来的一种阶段性加速发展的经济现象。奥运经济是品牌经济，通过良好的运作通常能造就一批驰名的产品和企业品牌。奥运经济是借势经济，奥运会的举办将对所在城市和国家的经济、社会发展产生强大的推动力量，从而产生一种加速器或催化剂的作用。以上三种特征突出表现为三大效应：聚合效应，在一定时间段内吸引各种生产要素聚集，从而产生巨大经济效果；裂变效应，在特定条件下使原有生产要素重新组合，释放出新的力量；辐射效应，主要是从举办城市中心点传导、递延出强大的市场和经济能量。

把奥运经济作为一种经济现象来看，它又具有以下一些特点：①覆盖性特征。全球经济一体化和经济扩张特点相关，包括TOP计划的行业分析，热衷者都是着眼于全球发展趋势的企业和商品扩张覆盖更大范围消费需求的特点。②周期性特征。从申办成功到举办奥运的 7 年期间的影响力、聚焦、发展、效益等经济现象都具有明显的周期特点。③时效性特征。经济发展受速度因素制约极强,奥运经济的周期性决定其明显的时效性,即要求在有限的时间内获得高速发展的空间和效益。④规定性特征。奥运会的运行有一套成熟的商业运作规则,它采取先取后予、互惠互利的办法,既给主办城市一些经济利益,又对主办城市的市场开发行为予以严格的控制。因此,发展奥运经济,既要遵循国际奥委会的运行规则,又要充分利用规则的附加值发展自身经济。⑤需求性特征。奥运经济具有需求性特点,其领域清晰、层次清晰、市场清晰的经济现象都是以需求而定位的。其中,领域清晰主要包括基础设施建设、环境改善、旅游服务业、电子信息业等领域;层次清晰主要包括国际奥委会法定的、奥运会组委会管辖的、城市自身的和市场形成的几个层次;市场清晰主要包括筹备市场(服务业空间)、赛后市场(旅游和文化体育产业发展)等。

6.悉尼奥运的商业开发

奥运会作为世界上最大的综合性体育赛事,其商业利益产生和分配十分复杂,涉及本届奥运会组委会、国际奥委会、28 个夏季奥运会项目的国际单项体育联合会,还有参会国家(地区)的奥委会及其代表团(本届为 199 个)。大家共同创造商业利益,同时一起分享利益收入。这些收益不仅要用于奥运会组委会对赛事本身的运作,还要用于赛事前后期的其他方面。利益产生的渠道计划为,国际奥委会和悉尼奥运会组委会将在悉尼奥运会前后,即 1997—2000 年之间创造 26 亿美元的收入。利润的大部分直接来自电视转播权的一揽子销售、商业赞助、门票出售和标志特许权。其中国际奥委会承担了其中的 70%。1997—2000 年的收入如下:项目收入,出售电视转播权 13.3 亿美元,占总收入的 51%;第四期 TOP 计划 5.50 亿美元,占 21%;出售门票 3.56 亿美元,占 14%;商业赞助 3.15 亿美元,占 12%;出售标志特许权及其他项目 0.66 亿美元。国际奥委会创造利润 19 亿美元,占全部利润总数的 72%。悉尼奥运会组委会创造利润 7 亿美元,占 28%。

利益分配,悉尼奥运会组委会和澳大利亚奥委会通过这次奥运会获得收入约 18 亿美元,占收入总数的 70%。具体款项的分配模式为:①出售电视转播权的收入超过 13 亿美元。其中 60% 分给悉尼奥运会组委会,另外的 40% 在国际奥委会、夏季奥运会国际单项体育联合会,以及各参赛国家(地区)的奥委会之间分配。对各奥委会的收益分配将通过国际奥委会的团结基金进行。②第四期全球 TOP 计划收入约 5.5 亿美元,包括现金和实物。其中 50% 分给夏季和冬季奥运会的组委会,40% 分给各国家(地区)的奥委会,其余 10% 归国际奥委会所有。如果把向奥运会组委会提供的技术支持和实物赞助计算在内的话,悉尼奥运会组委会和长野冬奥会组委会已经占到第四期 TOP 计划收入的 60%(因各国际单项体育联合会没有参与全球 TOP 市场开发计划,也就没有从这项收入中分成)。

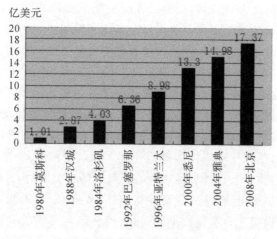

奥运会电视转播权收入

悉尼奥运会组委会和国际奥运会在澳大利亚本地通过赞助商、出售门票和标志特许权总共募集到 7 亿多美元,其中 95% 分给了悉尼奥运会组委会,另外的 5% 作为国际奥委会的知识产权留在国际奥委会,用于奥林匹克运动的发展。

悉尼奥运会组委会筹资成果斐然,悉尼奥运会组委会在澳大利亚本地赞助商的实施计划中获得了比原计划多 50% 的收益。通过全球市场开发计划,国际奥委会为悉尼奥运会组委会提供了 11 亿美元,是组委会所需费用的 60%。国际奥委会此次为悉尼提供的费用比为亚特兰大奥运会多了近 3 亿美元。按照澳大利亚的市场规模来看,国际奥委会和悉尼奥运会组委会的赞助计划都取得了成功。按全国人口平均赞助费来算,每个澳大利亚人为奥运会赞助了 25 美元以上,而亚特兰大奥运会每个美国人只赞助了 1.6 美元。就悉尼奥运会组委会的消费产品开发计划(标志特许权销售计划)来看,人均创造超过 2.5 美元的利润。与之相比,亚特兰大奥运会只有 0.32 美元。这些收入主要用于保证奥运会能够顺利举行,保证比赛场馆的建造和正常运转,提高资金使用效率。此外,悉尼奥运会组委会预留了 1.4 亿澳元,用于应付奥运会前后 8 个月内突发的意外事件。2000 年悉尼奥运会的电视转播是有史以来观众最多的转播,覆盖全球 220 个国家和地区。悉尼奥运会电视转播权的出售也创造了新的纪录。

7. 伦敦奥运会的商业运作

2012年伦敦奥运会时，随着欧债危机的影响，伦敦奥运会的经济预算竟然飙升了10倍，因此伦敦奥运会组委会把奥运会办成了"三最"商业运作的奥运会。

"最节省"的奥运会：伦敦奥运会组委会只能全面缩减开支，主体育场"伦敦碗"为了省钱，只盖了2/3顶棚。奥运村公寓比预期减少了1000套，运动员睡床的长度居然只有可怜的1.73米，场馆建设能省就省。英国政府原本希望通过奥运会可以吸引更多游客涌入英国，但是从实际情况看，在全球经济低迷的环境下，不仅游客人数远少于估计，甚至连奥运会比赛场馆都出现了大片的空位。

"最商业"的奥运会：在巨大的经济压力下，对于伦敦奥运会组委会而言，节流固然重要，但同时必须开源。伦敦奥运会组委会提前规划奥运场馆赛后利用的世界性难题，居然把比赛场馆从奥运开赛之际就全面商业化。最具代表性的是，伦敦奥运会组委会在设计奥运主核心区奥林匹克公园时，开创性地安排全欧洲最大购物商业集团耗资17.5亿英镑将西田（Westfield）购物中心拦腰建在奥林匹克公园的主通道上。奥运会期间，出入奥林匹克公园的几百万观众必须经过这个购物中心才能进入比赛场馆，极大地带动了购物中心内250家店铺和70家餐馆的生意。浓重的商业味还反映在伦敦奥运会组委会对赞助商、供应商的选择上。英国众多企业本来对奥运会曾经有很高的期望，希望借机大赚一把，但是伦敦奥运会组委会并没有因此降低商业门槛以照顾英国企业。最典型的例子就是，本来英国的啤酒文化世界驰名，原来以为肯定是英国本土啤酒不战而胜，最后却是荷兰的喜力啤酒成了伦敦奥运会的唯一指定啤酒。不过，为了得到更多的赞助，伦敦奥运会组委会突破了一些底线。比如，国际奥委会规定，除了运动员服装、奥运计时服务等少数领域外，再大牌的赞助商也别想让自己的商标进入奥运会画面借机打广告，场地不行，采访背景画面不行，植入任何产品也不行，总之要保持赛场内一片干净的体育竞技环境。但伦敦奥运会打破了这条规定，运动员参加的赛后新闻发布会上，赫然摆着某赞助商出品的碳酸饮料。

西田（Westfield）购物中心

第六章 奥林匹克运动与经济

商业保护"最严厉"的奥运会：温布尔登小镇一位肉店师傅把香肠拼成五环形状和"2012"的字样，被伦敦奥组委勒令更改，肉店师傅只好将圆环改为正方形，把"2012"改为"2013"；伦敦大学校方被告知，不得悬挂写有"支持伦敦奥运会"的条幅。如此等等商业保护行为是奥运会有史以来最严厉的。当然，伦敦奥运会组委会的严厉保护，最大的受益者是奥运会赞助商。本届奥运会有 11 家"合作伙伴"以及 42 家"赞助商"与"供应商"。其中"合作伙伴"的门槛是 1 亿美元，其他级别的赞助商数千万美元不等。保守估计，伦敦奥运会组委会从全部 53 家赞助商手里收取了大约 19 亿美元。

思　考　题

讨论奥林匹克运动营销的策略。

延伸阅读

奥运小语：奥运会从"香饽饽"沦落成"烫手山芋"

1984 年以来，奥运会的举办权可谓是各国争抢的"香饽饽"。奥运会是世界体坛的最大盛会，各项运动的运动员皆以奥运会为最高荣誉殿堂；而对于举办国家来说，奥运会也是提高世界知名度，向世界展示民族文化的最大舞台。比如北京奥运会，中国向全世界展示了中国的古老文化，让世界对中国有了新的认识。

里约奥运会后的场馆

近年来，奥运会申办城市数量及奥运会举办城市会后的经济状况都表明，奥运会已显出不再是"香饽饽",而沦落成为"烫手山芋"的趋向。在 2024 年与 2028 年的奥运会举办权城市竞争中,参与的国家数量相比以往锐减,甚至 2032 年奥运会面临着无人问津的处境。2020 年,由于新冠肺炎疫情,原本将在 2020 年 7 月举办的东京奥运会史无前例地延期一年举办。其中,举办奥运会亏本是奥运会如今沦落为"烫手山芋"的根本原因,尤以 2016 年里约奥运会为典型。里约奥运会不仅没有促进巴西经济增长,反而使巴西亏本数十亿美元,其体育场馆在奥运会结束后不到一年时间就变成了一片荒芜。

第七章　奥林匹克运动与现代高科技

【内容提要】

　　奥林匹克运动的发展,与包括大众传播媒介等现代高科技发展息息相关。同时,也给现代高科技提出不少难题,从而成为现代高科技进步的动力。诸如体育受控实验的对象是运动的人体,在此难题下,促进了先进的传感、测量和遥测等技术的发展。在某种意义上,奥林匹克运动是现代科技的一个巨大实验室,也是各国展现其科技成果和实力的橱窗。本章介绍了相对薄弱的体育科研,可以使大学生深化对体育学科的认识,而且可以激发他们的科技创新思想,拓宽他们的知识层面,提高他们的科技创新能力。

【学习目标】

1. 简述奥林匹克运动中体育科学发展的历程。
2. 简述奥林匹克运动中体育技术发展的历程。
3. 了解现代科技在北京、伦敦奥林匹克运动中的应用。
4. 掌握奥林匹克运动促进科学发展的作用。
5. 名词解释:北京"科技奥运"。
6. 了解兴奋剂的检查程序。

【关键词】

　　体育科学　体育技术　科技奥运　兴奋剂

　　奥林匹克运动,从诞生起就与科技结下了不解之缘。可以说,没有伴随着工业革命的一系列科学技术革命,现代奥林匹克运动就不可能产生。没有近一个世纪的尤其是第二次世界大战后科学技术的飞速发展,奥林匹克运动也不可能有今天的规模和影响。同时,奥林匹克运动的发展也给了现代高科技发展极大的推动力。正是两者相互作用,现代科学技术已成为奥林匹克运动有机的组成部分。

1. 奥林匹克运动与体育科学的发展

奥林匹克运动在19世纪后期兴起时,体育科学的若干主学科已经基本形成。在近代实验科学尤其是生物学和医学发展的影响下,运动人体成为科学研究的对象,促进了运动医学、运动生理学、运动生物学等学科的发展,但是实施研究的主体是教育家和医生。

奥林匹克运动从一开始就重视体育运动中的科学问题。尤其在第一次世界大战前后,奥运会逐渐发展成为世界各地运动会的模式,极大地带动了以运动训练为主题的科学研究。1928年第2届冬奥会期间,国际运动医学联合会(FIMS)成立,20个国家的281名学者在阿姆斯特丹奥运会期间举行了第一次国际运动医学讨论会。第二次世界大战后,体育科学研究的重点,从学科理论建设和分科研究为主,转向重点为运动实践服务;从自发选题研究为主,转为有组织、有计划的研究;单一学科研究的比重下降,多学科综合性研究的比重逐渐上升。在奥林匹克运动与体育科学会议中,奥林匹克科学大会(Olympic Scientific Congress)是每届奥运会前在举办国正式举行的世界性体育科学研讨大会。英语是其官方语言。1964年起,会议改名为"国际体育科学大会",会议内容开始具有综合学科的性质。自第16届夏季奥运会起,这种做法逐渐成为惯例。从第20届夏季奥运会起,启用"奥林匹克科学大会"的名称。总之,奥林匹克运动的发展在促进体育学科的成熟和学科体系的完整化,促进体育科学与运动实践紧密结合等方面,起到了积极的作用。

2008年奥林匹克科学大会

2. 奥林匹克运动与体育技术的发展

奥林匹克运动的发展促进了运动技术的进步。比如20世纪20年代后期的"辅助训练法",30年代时的"螺旋式训练法",40年代的"超量训练法",以及"模式化训练""模拟训练""高原训练",直到现在的"信息化训练",这些训练方法的改变,直接对运动成绩起到了巨大的促进作用。

奥林匹克运动的发展促进了运动训练设施和器材的巨大进步。在训练的设施上,比如,塑胶全天候跑道的出现大大提高了运动员的运动成绩。现代训练体系中,计算机以及与之相匹配的技术动作分析系统软件、训练管理系统软件等的运用,使得运动训练更加科学化、精确化、定量化。体育强国美国即是高科技获益的代表。20世纪80年代,美国建成了3个全国性的训练中心:莱克-普拉西德训练中心、科罗拉多-斯普林斯训练中心和圣迭戈训练中心。其拥有应用心理学、生理学、计算机科学、工程学、运动生物力学等学科,拥有一流的运动设施、科学测试、分析设备,正是科研与训练的密切结合,使得美国一直雄踞世界体育强国之林。运动器材方面,如高科技自行车、个性化跑鞋、玻璃纤维竿、鲨鱼皮泳衣等的广泛运用,促成了人类向"更快、更高、更强"的奥林匹克运动格言迈进。

奥运会自行车比赛

3. 现代科技在奥林匹克运动中的广泛应用

20世纪以来,现代科学技术取得了全面高速的发展,极大地改变了社会生活各个领域的面貌,也对几乎与它同时兴起的奥林匹克运动产生了愈来愈广泛的深刻影响。

对奥林匹克运动的发展影响最大的莫过于大众传播媒介的进步。1936年柏林奥运会,大约15万人在25个大厅观看了奥运会实况转播;1972年慕尼黑奥运会的开幕式实况转播观众达到10亿人;1992年法国第16届冬奥会的电视观众达20亿人次。

奥运会在全过程中展示世界的各种文化活动、各国的风土人情,使人们更全面地认识奥林匹克精神和奥林匹克运动的内容,从而迅速扩大了奥林匹克运动的影响。

现代科技更新了体育科学研究和训练的面貌。许多高水平的奥运选手常常在科学家们的观察下,脚穿装有多个压电晶体传感器的特别运动鞋,操纵着联结测试仪器的运动训练器材,在三维扫描摄影或录像仪前训练,从电子计算机和电视荧光屏上,他们可以直接得出对自己动作的力学分析结果,得知自己多项生理和心理指标的变化情况。其他科技领域的研究方法和手段,也越来越多地被运用于人体研究之中。

当代科学和技术的一体化,也对体育科学研究产生了深刻的影响。

与此同时,社会学、系统论和控制理论、社会心理学、行为科学的最新理论,也日益普遍地被用于运动员个体或群体行为,及其与社会环境相关关系的研究中。

海底火炬传递

而现代科学技术在奥运会中的应用则是显而易见的。可以说,现代科技迅速改变了奥运赛场的面貌。1912 年第 5 届斯德哥尔摩奥运会首次在田径场使用电子计时器和终点摄影装置。1936 年第 11 届柏林奥运会首次实现电视实况转播,并以电影的形式对奥运会进行了完整的记录。1960 年第 17 届罗马奥运会上首次对部分项目进行兴奋剂检查。1964 年第 18 届东京奥运会首次发射卫星向全世界进行大会实况直播,首次使用电子计算机和电动计时装置协助裁判工作。1968 年第 19 届墨西哥城奥运会上首次进行性别检查和兴奋剂检查。1972 年第 20 届慕尼黑奥运会上广泛使用了最先进的自动控制、信息传播和处理、电子计时测距技术等,被称为"技术奥运会",首次设立"奥林匹克科学大会"。1976 年第 21 届蒙特利尔奥运会首次采用卫星从希腊传递奥林匹克火炬到东道国。1984年第23届洛杉矶奥运会上首次采用大型电子信息服务系统。1988年第24届汉城奥运会上首次设计制造了具有民族特色的超大型现代化体育馆。1992年第25届巴塞罗那奥运会上首次推出可满足一切项目的计时测速和计分需要的"全能运动操作系统"。1996年第26届亚特兰大奥运会上首次出现了网络计算机系统的比赛组织管理系统。2000年第27届悉尼奥运会上第一次实现海底火炬传递,首次使用连体鲨鱼皮泳衣、连体田径服装、个性化超轻跑鞋。

4.高科技在北京、伦敦奥运会中的应用

2008年北京奥运会采用了大量世界尖端的新技术,如地面升降舞台、多媒体、地面LED系统、指挥系统、通信系统等几十项高新科技,涉及多个领域。2012年伦敦奥运会赛场安装摄影机器人,这些摄影机器人可以实现远程控制以及360度旋转,另外睡眠追踪装置、动作捕捉系统、数码管家、团队整体数据分析、红牛X计划、电子医疗档案等信息获取与处理技术,双层跑道、假肢、电子起跑器、全新泳池起跳台、跳踢传感器、先进的药检设备等高科技场地设备,为运动员创造优异成绩奠定了坚实的训练竞赛环境软件和硬件基础。

多媒体

现代奥运会的竞争不仅仅是运动员自身的竞争,更是背后高科技团队的支持和竞争。例如,参加伦敦奥运会的红牛X计划的美国跨栏运动员琼斯,背后的整个工作团队有一名教练、一名总监、一名经理、一名运动科学家、一名执教顾问和一名生理学顾问,这有效保障了琼斯获取好成绩。红牛X计划中使用的是一套3D数码分析系统,这套系统能够做到许多人类无法做到的事。红牛X计划分为三大块——Vicon 3D追踪系统、光学测量系统Optojump Next和数据采集工具Phantom Flex Camera。三大科技相辅相成,既能够给运动员的表现一个宏观的评价,又能够将训练比赛的每一分钟拆解为无数微小的片段以供分析。琼斯的团队在她身上做了39个反射标记,有了这些标记,40架每秒能够拍摄

2000帧图像的Vicon T40S动作捕捉相机将会追踪她的一切动作。光学测量系统Optojump Next会把琼斯的每一次跳跃分解为接触时间(contact time)、腾空时间(flight time)、腾空高度(height)、跨栏节奏(rhythm)、比能量(specific energy)、比功率(specific power)、总能量(total energy)和总功率(total power)等诸多部分。最后,每秒能够拍摄10 750帧图像的顶级摄像机Phantom Flex Camera将用图像记录下琼斯的每分每秒。这些技术诊断分析系统给予琼斯最快的科学技术诊断,保障琼斯的平均百米跨栏成绩为12.5秒。

琼斯的红牛X计划

5. 奥林匹克运动促进科学发展

奥林匹克运动并不仅仅是现代科学技术的被动受益者,它同时也对现代科技提出了许多难题,从而成为现代科技进步的动力。

体育是活生生的人体活动,人们不能把对安静状态的人体或尸体的研究结论完全照搬到运动人体上去,体育运动要求科学家对人体进行动态的、无损的研究。这个难题刺激发展了一系列先进的传感、测量和遥测技术,日趋白热化的赛场竞争促进了高速摄影分析器的不断进步。此外,使用与反对使用违禁药物的斗争,也促进了生物化学科学和检测分析技术的发展。

奥林匹克运动的发展不但从多方面对科学技术提出了许多颇具挑战性的问题,形成了科学技术发展的一种动力,同时也为科学技术的发展提供了特殊条件。

首先,从一定意义上来说,奥林匹克运动是现代科技的一个巨大的实验室。许多理论假说和仪器设备方面的发明制造,最终都必须到这个特殊实验场所接受检验。

其次,奥运赛场已成为各国展示其科技成果和实力的一个橱窗,同时也是国际科技交流的一次巨大集会。

以上趋势带来了现代科技与奥林匹克运动关系中的另一种变化,即现代科技成果应用于奥林匹克运动、现代科技成果向体育科学转化的进程大大加快。

不难预料,在未来的岁月中,奥林匹克运动与现代科技之间相互促进、共同发展的趋势将变得更加明显,进而对人类社会产生更为深远的影响。

摄影机器人

6. 2008年北京奥运会的"科技奥运"主题

科技奥运内涵:紧密结合国内外科技最新进展,集成全国科技创新成果,举办一届高科技含量的体育盛会;提高北京科技创新能力,推进高新技术成果的产业化和在人民生活中的广泛应用,使北京奥运会成为展示高新技术成果和创新实力的窗口。

北京奥运会的"科技奥运"主题:拥有规模宏大的、与世界电信科技发展同步的综合通信网络是奥运信息服务的有力保障,其包括为奥运会提供独立于公共网络的数字集群网、电子商务服务、奥运网站等诸多内容。拥有基于计算机网络技术、数据库技术、非接触IC卡技术和图像压缩技术等奥运会的高效管理系统。在场馆、奥运村安装基于中央管理站、各种DDC控制器及各类传感器、执行机构组成的智能建筑自动化控制系统,可实现建筑管理的集成化、自动化。场地、器材运用纳米新材料。城市智能交通控制系统可以保证北京及奥运会交通顺畅。基于3G技术的空间地理信息系统是首都信息化的一个重要内容,城市信息化基础设施是衡量城市信息化水平高低的重要标志,也是体现城市科技实力的重要指标。如数字环城绿化带的投入使用,通过清晰的三维立体图像和丰富的信息数据为项目规划、建设、管理、工程实施、评估提供信息处理和决策支持服务。移动通信、数字高清晰度电视系统、坚实可靠的消防安全保障、紧急处置手段的现代化等是奥运会巨系统所必需的。

北京8分钟

7. 兴奋剂检查(doping control)

兴奋剂检查指赛前、赛后甚至平时,各级体育组织派专门的检测人员对运动员进行检测,以确定其是否使用了违禁物质或违禁方法,有尿样检查和血液检查两种取样方式。自国际奥委会在1964年奥运会上首次试行兴奋剂检查以来,国际上一直采用的是尿检。直到1989年,国际滑雪联合会才在世界滑雪锦标赛上首次进行血检。迄今为止,尿检仍是主要方式,而血检只是作为一种辅助手段,用来对付那些在尿样中难于检测的违禁物质和违禁方法。例如1994年利勒哈默尔冬奥会实施的血检,主要是针对异体输血。在1988年汉城奥运会100米世纪大战中,加拿大短跑运动员约翰逊赛后查出服用兴奋剂,震惊世界。

约翰逊服药欺骗世界

兴奋剂检查程序主要包括选定接受检查的运动员、采取检样和样品分析三个环节。

(1)选定接受检查的运动员。在体育竞赛开始前,检测机构应同有关单项体育联合会和竞赛组委会进行磋商,确定接受检查运动员的数量及挑选受检运动员的方法。选定受检运动员一般以比赛名次、是否破纪录或抽签结果作为取舍标准,也可根据特殊情况任意指定运动员接受检查。通常采用以下办法:获得各项目第一名或前几名的运动员必须受检;获得各项目第一名的必须受检,第二至第八名抽查;从各项目的优胜者(如决赛前八名)中以抽签方式决定抽查1至数人;从各项目的全体参赛者中,以抽签方式决定抽查1至数人;在集体项目中,从各队中以抽签方式决定各抽查1至数人;在有纪录的竞赛项目中,凡破世界纪录、洲纪录、全国纪录或运动会纪录者必须受检。

兴奋剂检查机构和有关单项体育联合会的医务代表根据竞赛过程中出现的情况,如怀疑某运动员服用了兴奋剂,或对那些成绩有异常提高、被人揭发服用兴奋剂或有其他特殊情况者,有权在赛后立即指定其接受检查。在平时,检测机构还要选择一些著名运动员进行赛外检查。

(2)采取检样程序。程序规定得极为周密、严格,最多可列出约30款细则。其主要步骤和过程大致如下:检查人员将检查通知单交给被选定接受检查的运动员。运动员在通知单(一式两份)上签名确认后,必须在1小时内携带身份证明到指定的兴奋剂检查中心报到。在此期间运动员由检查人员陪同,不得排尿,候检室里应备有足够的密封饮料供运动员饮用。运动员到达检查站的时间及个人情况需要登记在记录单上。运动员还须申报自己最近3天以来是否服用过任何药物,并由兴奋剂检查官员登记在记录单上。

运动员自己挑选一个干净的留尿杯,当着一名同性别检查官员的面,留取至少75毫升的尿量,取尿时不得有其他人在场。运动员自己从几套未使用过的、有号码的密封样品瓶(A瓶和B瓶)中挑选一套,先将留尿杯中的尿液倒入A瓶50毫升,再倒入B瓶25毫升。经检查官员检测留尿杯中残留的尿,若尿比重低于1.010或pH值不在5~7之间,则运动员必须留取另一份尿样。运动员盖紧并加封A瓶和B瓶后,将瓶子号码和包装运输盒密封卡号码记录在兴奋剂检查正式记录单上,然后将A瓶和B瓶装入包装盒并在盒上插入防拆密封卡。运动员本人、兴奋剂检查官员和有关体育组织的医务代表均须在兴奋剂检查正式记录单上签字,以证明上述留尿过程是按规定准确无误地进行的。

装有尿样的包装盒必须由指定的监护人运送,运送人和兴奋剂检查站的负责官员应在运送单上签名。尿样包装盒送到实验室后,必须由专门的负责人检查有无破损和偷换,核对运送单与盒内尿样的号码,签字验收,然后才能送交检测分析。

(3)样品分析。兴奋剂检测实验室收到尿样后应尽快完成检测分析。样品分析严格采用经国际奥委会医学委员会批准的技术方法。

如果 A 瓶尿样的分析结果为阳性,必须立即书面报告有关当局。兴奋剂检查机构的官员在检查核对后,应立即书面通知有关单项体育联合会,然后再按规定程序通知运动员及其代表团的官员,并尽快确定 B 瓶尿样的检测分析(复检)在同一个实验室进行,但由不同的人操作。反兴奋剂机构、有关单项体育联合会和运动员所属代表团均可派人观察检测分析过程。

如果 B 瓶的检测分析结果仍为阳性,则该运动员的兴奋剂检查结果即被判定为阳性。

8. 赛外检查

赛外检查亦称飞行药检,指在非比赛期间进行的不事先通知的突击性的兴奋剂检查。1991年国际奥委会特别通过了一项议案,率先在其医学委员会下成立了赛外检查委员会。如今,绝大多数国际体育组织和许多国家都已开始实施赛外检查计划。赛外检查可在一年中的任何时间和任何地点进行,检查重点一般都放在训练阶段,特别是非赛季的训练阶段,因为运动员最有可能在训练阶段为增加肌肉力量、加速消除疲劳而使用违禁药物。赛外检查的对象主要是那些著名的运动员和在短时期内成绩有异常提高的运动员,所以运动水平越高、优秀选手越多的国家受到赛外检查的频率就越高。有些国际体育组织(如国际游泳联合会)要求各国定期提供其优秀运动员(如成绩排在世界前 30~50 名者)最新的训练场所地址、宿舍地址和家庭地址,以便随时进行突击性的赛外兴奋剂检查。

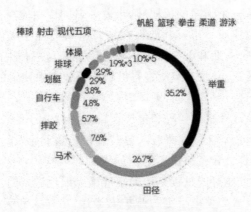

历届奥运会兴奋剂事件项目分布

执行赛外检查的有关体育组织的代表、取样官员和监察员可在未通知任何人的情况下,突然来到受检运动员的训练营地、宿舍或常驻地,要求进行赛外检查。任何人都不得以任何理由拒绝或拖延接受检查。取样官员和监察员应出示自己的身份证明或反兴奋剂委员会的任命书。任何被飞行药检突然传唤的运动员如未在限定时间内到场接受兴奋剂检查,或者拒绝提供尿样,都将被视为拒绝接受检查,从而会受到处罚或被宣布兴奋剂检查结果为阳性。

9. 兴奋剂检测实验室

为了保证兴奋剂检查结果的准确性和可靠性,避免在检测过程中出现误差,从 20 世纪 80 年代初开始,国际奥委会医学委员会逐步建立起一个优秀实验室考核系统。每个新成立的实验室必须通过一系列的严格考试,才能获得国际奥委会医学委员会授予的国际检测资格。在取得这一资格后,每年还必须再参加一次复试,才能取得当年的国际检测资格。

目前国际上共有 27 个兴奋剂检测实验室,但每年都有几个实验室因不能顺利通过复试而被降级或取消资格。由于科学技术的进步,进行兴奋剂检测的技术难度很大、要求极高。要查出 1 毫升尿液中含有的 2 纳克($1 纳克 = 10^{-9}$ 克)兴奋剂,就相当于在 5 个标准游泳池($50 米 \times 20 米$)的水量中放入一小勺糖,然后随意抽取一小瓶进行化验。在过去的 10 年中,大约有十几个国家、二十多个实验室未通过复试。

中国兴奋剂检测中心于 1989 年正式通过了医学委员会的考试,取得了国际检测资格。在历年的复试中,中国兴奋剂检测中心都顺利过关,是亚洲唯一一个连续 10 年复试合格的检测实验室。

兴奋剂检测实验室

1998 年,意大利的罗马实验室因足球兴奋剂事件被取消了年度考试资格,而泰国和马来西亚的两家实验室当年刚刚获得承认,其余 24 个实验室参加了 10 月份医学委员会的年检。结果成功通过年检而被国际奥委会完全认可的有以下22个实验室：雅典（希腊）、巴塞罗那（西班牙）、北京（中国）、布隆方丹（南非）、科隆（德国）、根特（丹麦）、赫尔辛基（芬兰）、胡丁厄（瑞典）、印第安纳波利斯（美国）、克赖沙（德国）、洛桑（瑞士）、伦敦（英国）、洛杉矶（美国）、马德里（西班牙）、蒙特利尔（加拿大）、莫斯科（俄罗斯）、奥斯陆（挪威）、巴黎（法国）、里斯本（葡萄牙）、布拉格（捷克）、悉尼（澳大利亚）、东京（日本）。

思 考 题

结合所学专业讨论科技振兴奥林匹克运动。

延伸阅读

奥运会女子铅球冠军科尔扎连科

失色金牌

  2004年雅典奥运会上被查出服用兴奋剂的运动员中，举重运动员占了大多数。匈牙利选手安努什因未在奥委会规定的最后期限前提交尿样而被取消冠军资格，男子链球金牌被重新授予了日本选手室伏广治。雅典奥运会女子铅球冠军——俄罗斯选手科尔扎连科因药检呈阳性而被剥夺金牌。但他们不予上交自己的金牌，因为他们坚信自己是无辜的。

下篇　中国与奥林匹克运动

第八章　中国奥林匹克运动史

【内容提要】

1908年,《天津青年》杂志向国人提出过三个问题:中国何时才能派一位选手参加奥运会？中国何时才能派一支队伍参加奥运会？中国何时才能举办奥运会？为了实现中国举办奥运会的愿望,中国人付出了一代又一代的不懈努力:1932年刘长春孤身参加洛杉矶奥运会,1984年洛杉矶奥运会许海峰勇夺奥运金牌,2008年中国北京成功举办奥运会……通过本章学习,学生可以了解中国奥林匹克史,激发爱国热情。

【学习目标】

1. 了解旧中国与奥林匹克运动。
2. 简述新中国参与奥林匹克运动的历程。
3. 论述中国参加历届奥运会的特点。
4. 了解中国的奥运战略。

【关键词】

中国　奥运历程　夏季奥运会　奥运战略

1. 旧中国与奥林匹克运动

与古代埃及、希腊、两河流域、印度一样,中国作为人类社会古文明发源地之一,也有着灿烂的古代体育文化。在1840年鸦片战争以前,以武术、气功和其他民间体育活动为代表的民族传统体育在中国已经深深地扎下了根,这为后来西方现代体育和奥林匹克运动的传入准备了内在条件。1840年鸦片战争以后,中国社会发生了一系列急剧的变化。现代体育和奥林匹克运动,就是在这一系列的社会变革中,在学习西方的浪潮中传入和兴起的。

1896年首届奥运会在雅典举行。组织者通过法国驻华外交机构向中国发出邀请函,但当时的清政府不知道奥运会为何物,奥运会当然不会见到中国人。这一看法的最初来源是1932年勤奋书局出版的由阮蔚村先生编著的《中国田径赛小史》一书,在书中阮蔚村这样写道:"雅典奥运会之前,中国政府接到驻华公使通牒,当时为李鸿章主阁政,因为此际中国朝野上下,尚不知田径为何物,所以对法使的通牒几乎没法回复。"1895年9月,美国人来会里博士(Dr. Lyou,中国名字叫李昂)受北美青年会的派遣来中国天津筹建城市青年会。同年12月8日,天津中华基督教青年会在医学堂成立。会前与会后都表演了篮球游戏。1896年1月11日,天津中华基督教青年会举行了中国篮球运动史上较为正式的篮球表演。1904年许多中国报刊曾报道过第3届奥运会的消息。但是,这些未能在社会上引起反响。1907年以后,一些基督教青年会和教会学校人士开始在社会上宣传奥林匹克运动。这一年10月24日,著名教育家、体育家张伯苓先生在天津青年会第五届学校运动会的演说中指出:虽然许多欧洲国家获奖机会甚微,但仍然派出选手参加奥运会。他建议中国加紧准备,争取早日参加奥运会。1910年10月,全国学校区分队第一次体育同盟会成立。1922年,国际奥委会选举中国王正廷为国际奥委会委员。同年4月3日,中华业余运动联合会在北京青年会所正式成立。1924年,中国第一个全国性体育组织——中华全国体育协进会成立。同年,派出三名网球运动员在法国巴黎举行的第8届奥运会上参加了表演赛(奥运会无正式网球赛)。4年后,中国又派宋如海观光了在荷兰阿姆斯特丹举行的第9届奥运会。

1931年,国际奥委会承认中华全国体育协进会。中华全国体育协进会被国际奥委会正式承认为其会员后,中国奥林匹克组织与国际奥委会有了更紧密的联系,并积极参与了国际奥委会组织的一些重大比赛活动,至1947年,有3人先后被遴选为国际奥委会委员,分别是王正廷、孔祥熙、董守义。1932年,第10届奥运会在美国洛杉矶举行。中国现代竞技体育的先驱、东北大学学生刘长春,以运动员的身份代表着4.5亿中国人,手执大旗,步入了奥运殿堂,走向世界体坛。这是让世界体育界了解中国体育和让中国体育界了解世界体育的开端。刘长春之行,尽管成绩不理想,但是他作为爱国志士,粉碎了日本帝国主义利用第10届奥运会之机制造所谓的"满洲国"合法化的企图。旧中国几十年的兵荒马乱,经济的萧条,文化教育的落后,国运的衰弱,政府的无能,使中国的体育水平落后到极点。那时,不但没有较高国际级水平的运动员,更没有资金来开展体育活动和参加国际体育交往和比赛。在国民党统治时期,世界上一共举行了11届奥运会,但中国人从未在世界性体育大赛中拿到过一枚奖牌。许多体育史书上都记载了旧中国这一段使每个中国人刻骨铭心的历史。1936年,第11届奥运会在德国柏林举行。国民党政府派出了由总领队王正廷、总教练马约翰组成的100

第八章 中国奥林匹克运动史

多人代表团,其中运动员 69 人,分别参加田径、游泳、足球、篮球、举重、自行车和拳击等项目的比赛。经过 25 天的海上漂泊,中国代表团终于到达世界著名的水城威尼斯,又换乘火车于 7 月 23 日到达柏林。此时,许多国家的代表团先期一个月到达,正龙腾虎跃地进行赛前适应性训练。中国代表团旅途过度疲劳,如同害了一场大病。他们喘息未定就匆忙投入了比赛。比赛结果令人大失所望,在全部 23 名田径选手中,只有撑竿跳高选手符保卢一人通过了及格赛的标准。但正式比赛时,他在跳过 3.80 米的高度后就被淘汰了。最后,与另外 8 名选手并列第 17 名。在国际竞技场上,体育不能为国人争光,备受歧视和侮辱,这是多么令人难堪的事。

刘长春在比赛中

1948 年,第 14 届奥运会在英国伦敦举行。当时,国民党政府为了粉饰太平,决定派选手去参赛。这是旧中国参加的最后一次奥运会。为了筹集经费,国民党政府让一些富翁阔佬出钱,并让捐资人作为体育代表团的"顾问"同行。1 个篮球队、1 个足球队和 3 名田径选手加起来,真正的运动员和教练员只有 20 多人。另外,还有游泳选手吴传玉、自行车选手何浩华这两位爱国华侨,他们分别由印尼、荷兰自费前往伦敦参赛。代表团由于经费不足,只发给每个运动员上衣一件,领带一条。不要说生活费,就连飞机票也不能全部解决。足球队和篮球队双双采取先赴南洋表演比赛的办法,靠门票收入解决路费。一路上队员们劳累不堪。代表团到达伦敦时,也备受冷落和歧视,冷清的机场上没有欢迎的人群。各国选手都住进了奥运村,唯独经费拮据的中国代表团被安排到一所设备简陋的小学。当其他国家的选手每天吃着佳肴美味的时候,中国代表团却吃着在船舱里存放了近半年早已发霉变质的食物。

在缺乏政府支持、群众基础薄弱、地域与项目发展失衡以及运动技术水平低下的环境下,中国代表团在本届奥运会中的比赛成绩很不理想。值得一提的是,自行车选手何浩华在比赛中将要到达终点时,被别人撞倒摔伤左臂,严重骨折,只好托人打电报给在荷兰的妻子。等到妻子来伦敦后,他才住进了医院。旧中国运动员共参加了3届现代奥林匹克运动会,没有为中国争得一点光荣,每次都是铩羽而归。当时外国的报纸刊出了这样的漫画来嘲讽中国人:在奥运五环旗下,一群蓄着长辫、身穿长袍马褂、面容枯槁的中国人,扛着一个硕大无比的鸭蛋,画题为"东亚病夫"。腐败无能的国民党政府,给中国体育和中国人民带来的是莫大的屈辱。这段不堪回首的历史,中华儿女将永远不会忘记。

参加1948年在英国伦敦举办的第14届奥运会的中国足球队员

奥林匹克运动促进了中国近代体育的发展,进一步丰富了中国近代体育的内容,推动了中国传统体育的革新;奥林匹克运动在近代中国的开展,使中国初步接触了奥林匹克运动的思想体系,促使中国近代体育的观念发生了一定转变。

2. 新中国加入奥林匹克运动大家庭

1949年10月1日,毛泽东正式宣布中华人民共和国成立。在新中国成立初期,新的体育事业还处于初创时期,为此,党和政府积极支持和推动体育事业的发展,并为奥林匹克运动的普及提供了一定的条件。当时国际奥委会中的中国委员有三人。但在国民党统治垮台之后,他们中却无一人愿在台北定居:王正廷移居到香港,孔祥熙到了纽约,董守义留在了北京。中华人民共和国的各个单项体育协会的总组织中华全国体育总会,同设在台北的奥委会一样,都将自己视为中国体育运动的唯一代表,要求国际奥委会将它作为国家奥委会予以承认。在赫尔辛基召开的全会上,两个组织均未获得国际奥委会的承认。中华人民共和国的运动员在奥运会开幕后10天之后才抵达赫尔辛基,参加能获取名次的比赛已为时太晚。结果,只有一名游泳运动员参加了奥运会的正式比赛。

第八章 中国奥林匹克运动史

中国奥委会会旗

乒乓外交

第一个乒乓球世界冠军容国团

1971年春,一封致美国乒乓球运动员访华的邀请信,为与美利坚合众国之间建立外交关系铺平了道路。这一事件在政治历史上被人们誉为"乒乓外交",并奠定了乒乓球在中国的特殊地位。早在1959年第25届世界乒乓球锦标赛中,容国团荣获了中国首个世界冠军。同年10月,中华人民共和国在联合国安理会的席位得到了恢复。布伦戴奇主席任期结束之后,国际奥委会仍然受到中国问题的困扰。直到1979年,中华人民共和国的奥委会才再一次获得了国际奥委会的正式承认。

国际奥委会恢复中国合法席位的同时,国际奥委会中原来的3名中国委员因种种原因陆续退休,又有6名中国体育界人士陆续当选为国际奥委会委员,其中除了1970年当选的中国台湾的徐亨(1988年离任)和1988年当选的吴经国,还有中国大陆/内地的何振梁(1981年当选)、吕圣荣(1996年当选,2001年离任)、于再清(2000年当选)和中国香港的霍震霆(2001年当选)。

3. 中国参加第23届夏季奥运会:首获奥运金牌

由于包括中国在内的众多国家抵制莫斯科第22届夏季奥运会,因此,中国获得奥运会金牌的任务不得不推迟到第23届洛杉矶奥运会上。1984年,中国正式提出了"奥运战略",这是中国体育工作战略性大转移的标志。第23届奥运会于1984年7月28日—8月12日在美国洛杉矶市举行。参加本届奥运会的有140个国家的7616名运动员,其中女子1719人,是历届人数最多的一次。中国派出225名运动员参加了田径、游泳、体操、篮球、排球、射箭、射击、举重等16个项目的比赛和网球表演。中国台北奥委会也派出67名运动员参加了田径、游泳、举重等项目的比赛,这是海峡两岸中华儿女首次在夏季奥运会上相逢。

1984年7月29日,这是中国人民永远难忘的一天,是中国体育史上值得庆贺的一天。普拉多(本届奥运会射击赛场)的枪声,给本届奥运会带来了第一枚金牌。中国射击选手许海峰在男子自选手枪上以566环的成绩战胜各国选手获得冠军,在中国奥运史上写下了新的一页。他这一枪,为中国体育赢得了三个第一:为中国自1932年参加奥运会以来夺得第一枚金牌,改写了中国奥运史金牌榜上"零的纪录";第一个为中国人民在世界奥运大赛上升起了鲜艳的五星红旗,奏响了中华人民共和国国歌;第一个为中国体育代表团首次出征夏季奥运会赢得荣誉,来了个"开门红"。国际奥委会主席萨马兰奇闻讯赶来,主持发奖仪式,中国另一运动员王义夫获该项目第三名。由于射击场只为中国队员准备了一面红旗,不得不临时再去取一面,这样发奖仪式推迟了40分钟。萨马兰奇正式宣布:"中国人获得本届奥运会第一枚金牌,这是中国体育史上伟大的一天,我为我能亲自把这块金牌授给中国运动员而感到荣幸。"奥运会后,许海峰将这第一枚金牌献给国家,陈放在中国革命博物馆。

第八章　中国奥林匹克运动史

许海峰打破"零的记录"

继许海峰后,中国选手表现出色,先后夺得15枚金牌、8枚银牌和9枚铜牌。被誉为"体操王子"的李宁以其独创动作"吊环正吊臂后悬垂前摆上接直角支撑立"夺得了吊环金牌,然后在自由体操和鞍马上,李宁更是以其难度大、动作优美、稳定性强,无可争议地又夺得了2枚金牌,还获得了男子团体、跳马2枚银牌和个人全能铜牌,是本届奥运会获奖牌数最多的运动员,被誉为"力量之塔""使人倾倒的小巨人"。连续夺得1981年世界杯和1982年世界锦标赛冠军的中国女排,发扬顽强拼搏的精神,在8月8日的决赛中,充分发挥自己的技术特长,一鼓作气直落3局,击败了在预赛中曾战胜过自己的强硬对手美国队,登上冠军宝座,实现了她们"三连冠"的夙愿。中国体育代表团首次出征奥运会,与世界体坛的竞技高手们较量,不仅实现了"零的突破",而且获得的金牌数排在世界第4位。由于中国运动员的杰出表现,在那短暂的一刹那,全球的中国人不分地域和政治色彩,都凝聚在"中国人"这个口号下,中国在世界体坛上终于确立了自己应有的地位。

4. 中国参加第24届夏季奥运会:兵败汉城

与第一次参加奥运会获得15枚金牌相比,汉城奥运会留给了中国人太多的伤心记忆。1988年9月17日至10月2日,第24届奥运会在韩国汉城举行。161个国家和地区的9581名运动员(其中女运动员2476名)参加了本届奥运会,只有6个国际奥委会成员不参加比赛。因是在第三国家举行,美国和苏联均派出由优秀选手组成的强大军团参加,使本届奥运会的金牌含金量增加了。中国派出540人参加了除曲棍球、马术以外的21个大项比赛。4年前中国体育代表团在奥运会上实现零的突破以后,举国上下欢庆胜利。夺得金牌的运动员成了民族英雄。中国体育的胜利激发了人民的民族精神和凝聚力。为了准备在

1988年汉城奥运会上再展雄风,中国体育界和运动员们,在"奥运战略布局"的引导下,进行了积极的赛前准备和练兵。与此同时,舆论界也发表了大量的评论,赞扬之声多于理智的分析,而且温度一升再升,认为中国运动员在汉城奥运会上能够夺得更多的金牌。在此背景下,中国代表团带着昔日夺得过15枚奥运金牌的荣耀和包袱,走向了汉城奥运会21个项目的竞技场。

上届奥运会,中国射击选手获得3枚金牌。本届奥运会中国在该项目上拥有24张"入场券",在人数上占有优势。人们也曾希望神枪手们再次打个"开门红",甚至连国际奥委会主席萨马兰奇也坚信第一枚金牌应属于中国。他放弃了颁发第一枚金牌的荣誉,把它让给中国奥委会主席何振梁。结果当何振梁驱车赶到射击场时,第一枚金牌已被苏联姑娘斩获。许海峰在自选手枪比赛中,没能进入决赛,最后只得了气手枪比赛的铜牌。"双保险"王义夫也只排在了第8位。国人寄望很高、有过五连冠辉煌的女排在本届奥运会上的表现不尽如人意,顶不住苏联女排的冲击,直落三局,0:3输给对手,失去争夺冠军的权利,最后只获得了1枚铜牌。本届奥运会,中国成绩很不理想,共获金牌5枚、银牌11枚、铜牌12枚,名次从上届的第4位下降到第11位。但是,在本届游泳比赛中,中国女子游泳取得了可喜的新突破,共获得3枚银牌、1枚铜牌,以及1个第4名、1个第7名和1个第8名,创造了7项亚洲最好成绩和10项全国纪录,获取了中国游泳史上的大丰收。陈龙灿与韦晴光获得奥运会乒乓球男子双打冠军。

第一个乒乓球男子双打奥运冠军

5. 中国参加第25届夏季奥运会:重振巴塞罗那

经过两次真正的奥运大战洗礼的中国代表团,满怀信心地开进了巴塞罗那。1992年7月,第25届奥运会在西班牙巴塞罗那开幕。中国派出了251名运动员(其中女子133人)参加了25个项目中除马术、足球、棒球、手球、曲棍球以外

第八章 中国奥林匹克运动史

其余20个项目的比赛,与172个国家和地区的强手如云的体育队伍进行了激烈角逐,中国运动员一举夺得了金牌16枚、银牌22枚、铜牌16枚,金牌总数名列第4。女子田径比赛,陈跃玲在10公里竞走赛中获冠,在奥运会女子田径金牌榜上第一次写上了中国女性的名字。庄泳在100米自由泳比赛中以54秒64的成绩夺得金牌,这是谁也没有预料到的。射击场上,更出现了令人叹服的情形。中国女子运动员张山参加了奥运会射击项目双向飞碟比赛。她将所有的男子汉"射"落马下,以223中的成绩勇夺桂冠,平了该项男子世界纪录。女选手平男子项目的世界纪录,并在男子比赛中夺得冠军,这在奥运史上真是空前绝后。中国女篮获得亚军,取得了历史最好名次。中国选手以他们辛勤的汗水、顽强的斗志和出色的表现,再一次铸造了新中国奥运史上的辉煌。但令国人关注的中国女排大失水准,落到了第7名。

巾帼力压须眉

6. 中国参加第26届夏季奥运会:扬威亚特兰大

第26届奥运会于1996年7月19日至8月4日在美国亚特兰大举行,来自世界197个国家和地区的10 788名运动员参加本届运动会,中国派出庞大代表团参加本届运动会。各国选手经过17天激烈的角逐,共打破25项世界纪录。金牌榜上,美国、俄罗斯、德国分获前三,中国代表团面对种种不利条件,团结拼搏,获得了16金、21银、12铜的可喜成绩,金牌、奖牌榜均列第4名,实现了冲击第二集团首位的预定目标。此外,中国代表团还有两人4次打破4项世界纪录,乒乓球囊括4金。值得一提的是，中国代表团的男运动员们经过不懈努力，突破性地夺得7金、9银、5铜，向世界展现了我国男子运动员的实力。更可喜的是，来自马家军的小姑娘王军霞代表中国在田径场上跑出了一枚分量很重的金牌，获得了"东方神鹿"的美誉。中国香港和中国台北运动员在此次奥运会上分别夺得1金、1银。对于中国人来说，亚特兰大既有欢笑也有悲愤。我们无法忘记王军霞身披中国国旗绕场一周的辉煌时刻，我们无法忘记中国女足奋力拼搏但最终屈居亚军的泪水，我们更无法忘记当中华健儿勇创佳绩的时候，某些西方媒体的无端猜疑。中国体育，将在悉尼再次证明自己。

东方神鹿

7. 中国参加第27届夏季奥运会：辉煌悉尼

中国未能获得第27届夏季奥运会举办权，但是中国代表团首次步入夏季奥运会金牌三甲，悉尼奥运赛场刮起一股中国旋风。2000年奥运会，中国代表团派出311名运动员参赛，以金牌28枚、奖牌总数59枚的优异成绩一举跃入了奖牌榜世界三强行列，这两项指标不仅创下了中国自参加奥运会以来的单届最高纪录，而且均名列世界第3位。仅9月22日一天，中国就日收6金，创下了中国运动员参加奥运会历史上单日夺取金牌数的最高纪录。悉尼奥运会上，中国运动员在传统优势项目中继续保持着强盛势头，乒乓球包揽了全部4个单项冠军，女子举重在所参加的4个级别中全部夺金而归，羽毛球金牌5中取4，跳水则在出师不利的情况下连夺5金，与举重一样，成为中国在本届奥运会上收获金牌最多的项目。此外，射击和体操各获3枚金牌。本届奥运会跳水比赛由于新增了双人项目，金牌数也增加了一倍，达到8枚。赛前被寄予厚望的中国队出人意料地在前三项比赛中接连失手，均只得到了银牌。关键时刻，奥运会前复出的老将熊倪为压力骤然增加的跳水队稳住了军心。他在男子跳板决赛中凭借最后一跳的稳定发挥，以微弱优势击败了强劲对手——墨西哥的普拉塔斯和俄罗斯的萨乌丁,为中国在本次跳水比赛中夺得了第一枚金牌。随后,他又与队友肖海亮合作,在跳板双人项目中称雄,再次获得了金牌。跳水队另一位退役后复出的老将伏明霞也表现稳健,在女子跳板中蝉联了奥运会冠军。

中国女子跳水队的伏明霞与郭晶晶

8. 中国参加第 28 届夏季奥运会:惊世雅典

李婷、孙甜甜"一黑到底"

本届奥运会中国体育代表团共有 401 人参加 21 个大项 203 个小项目,比赛共获得了 32 枚金牌、17 枚银牌、14 枚铜牌。共有 3 人 5 次创 6 项世界纪录,13 人 21 次创奥运会纪录,1 人 1 次平 1 项世界纪录。中国体育代表团在本届奥运会上全面实现了预定目标,出色地完成了任务,收获多个意外惊喜,多项突破历史纪录:从小将朱启南、滕海滨的异军突起,到石智勇、王旭、邢慧娜的意外夺金;从女举刘春红的三举三破世界纪录,到女单张怡宁的中国奥运第一百金;从李婷、孙甜甜在网球女双历史性地问鼎,到"中国飞人"刘翔在男子110米栏角逐中夺魁,中国女排重登奥运之巅。中国代表团在本届奥运会上取得了太多的惊喜,也给所有国人乃至全亚洲人民赢得了无限光荣。在所获得的奖牌中,有15枚金牌、9枚银牌是过去从来没有获得过的。我们总共有24枚奖牌,9个大项、24个小项实现了历史性的突破,金牌数首次位居第二。

另外,值得关注的是,中国台北选手也在本届奥运会上取得了历史性的突破。在跆拳道比赛开赛的第一天,陈诗欣在女子负49公斤级,朱木炎在男子负58公斤级中先后奏凯,二人包揽了当天产生的全部两枚跆拳道金牌,并为中国台北代表队首次夺取了奥运会金牌。

女排重获奥运冠军

9. 中国参加第29届夏季奥运会:闪耀北京

2008年8月8日,北京奥运会开幕,对于无数的华夏儿女来说都是难以忘怀的一天,百年的奥运梦想在这个激情似火的北京之夏中得到了充分的释放。经过17天的争夺,中国代表团也创纪录地以51枚金牌独占鳌头,而100枚总奖牌数的巧合更加让北京奥运会显得如此完美和无与伦比。8月8日如今已被定为"全民健身日"。下面我们再来一起回顾一些中国代表团的经典比赛或荣耀时刻。

在第三日的比赛中,来自西安的射击选手郭文珺创造了一个奇迹,在资格赛落后俄罗斯选手帕德丽娜1环的情况下,在决赛连续打出10环最终反超,以总成绩492.3环夺得该项目金牌,打破了现有的奥运会纪录,夺下了中国军团的第三金。

第八章 中国奥林匹克运动史

郭文珺在比赛中

中国选手仲满在男子佩剑个人赛中夺取冠军。这是中国击剑队自1984年以来首次夺得奥运冠军，也是亚洲人在佩剑项目第一次获得奥运奖牌。仲满创造了属于亚洲人的击剑历史，打破了欧洲强队在这个项目上的垄断局面。

奥运会开始第五天，中国女子体操队在女子团体赛中爆冷击败美国队，拿下了中国体操历史上首个团体冠军，她们创造了属于女子体操队的新历史。在女子帆船帆板的比赛中，中国女子帆船队的殷剑创造了属于中国帆船队的历史，她一路领先走到最后，为中国帆船队拿下了历史上的首枚金牌。最令人意想不到的还是在射箭项目上，中国女子射箭队的张娟娟创造了一个奇迹，她从八强开始连续爆冷击败两位韩国名将打进决赛，最终在决赛以1环险胜世界纪录保持者韩国名将朴成贤。这是奥运会历史上女子射箭个人金牌第一次没有归属韩国，张娟娟成为英雄，创造了中国射箭队的新历史。

中国女子体操队夺冠后合影

10. 中国参加第30届夏季奥运会:续力伦敦

2012年7月27日至8月12日,第30届奥运会在伦敦举行。伦敦是迄今为止举办夏季奥运会次数最多的城市,也是历史上第二座三度举办奥运会的城市。最终中国队获得87枚奖牌,金牌数38枚,排在金牌榜第二位。女子10米气步枪决赛中,中国选手易思玲以502.9环的总成绩夺冠,这是本届奥运会的首枚金牌。女子400米个人混合泳决赛中,中国选手叶诗文以4分28秒43的成绩夺得冠军,并打破世界纪录。游泳男子400米自由泳决赛中,孙杨获得冠军。

孙杨赢得比赛后的瞬间

在女子58公斤级举重决赛中,李雪英以246公斤的总成绩夺冠,打破奥运会纪录。2012年8月1日,女子200米个人混合泳决赛中叶诗文以2分07秒57拿到本届奥运会上个人的第2枚金牌,这一成绩也再度改写奥运会纪录。男子77公斤级举重比赛中,中国选手吕小军以379公斤的总成绩夺金,并打破总成绩世界纪录。中国小将李雪芮在羽毛球女单决赛中以2∶1力克世界第一的队友王仪涵,为中国羽毛球队连续第四次夺得奥运会女单金牌。在男子1500米自由泳决赛中,中国选手孙杨以14分31秒02的成绩获得冠军,并打破世界纪录。田径男子20公里竞走比赛中,陈定以1小时18分46秒的成绩夺得冠军,并打破奥运会纪录。女子75公斤以上级决赛中,中国选手周璐璐抓举146公斤,挺举187公斤,以333公斤的总成绩打破世界纪录夺冠。跳水女子10米跳台决赛中,中国选手陈若琳夺得金牌,这是中国体育代表团在夏季奥运会历史上夺得的第200枚金牌。

11. 中国参加第31届夏季奥运会:思考里约

第31届夏季奥运会,又称2016年里约热内卢奥运会,2016年8月5日至8月21日在巴西里约热内卢举行。经过17天的比拼,中国代表团一共获得了26枚金牌、18枚银牌、26枚铜牌,总计70枚奖牌,在金牌榜上位居第三。

2016年8月7日,女子10米气手枪射击决赛中,中国选手张梦雪以199.4环的成绩夺得金牌,为中国代表团摘得本届奥运会首金。

张梦雪在颁奖仪式上展示金牌

中国女排第三次站在奥运之巅

女子排球赛比赛在马拉卡纳齐诺体育馆落下帷幕,由郎平挂帅的中国女排在决赛激战四局以3:1翻盘塞尔维亚,继1984年洛杉矶奥运会和2004年雅典奥运会折桂,时隔12年第三次斩获奥运会冠军。另外,中国选手还打破5项世界纪录和12项奥运会纪录,总体上基本完成了参赛任务。但通过近三届奥运会金牌榜成绩来看,中国代表队夺冠数量在减少,须加以总结,备战好接下来的东京奥运会。

12. 中国奥运战略

回顾中国与奥林匹克运动长期曲折的历史过程,可以看出,我们对奥林匹克运动的参与、理解程度是从低到高、由浅入深的。中国从"东亚病夫"不知奥运为何物,到参加奥运会,到实现"零"的突破,到2000年申办奥运会,到2008年举办奥运会这样一个过程,从体育这个角度反映了中国近百年来的奋斗史、发展史、成长史和发达史。这是中国体育从悠久的传统体育发展到国际体育形式的过程。

中国奥运战略的内涵概括起来就是:以奥运会为最高层次的竞技体育战略,以在奥运会上出成绩为竞技体育的最高战略任务。其内涵主要包括:

(1)战略目标是为振兴中华、发展经济这个中心服务的;

(2)实行奥运战略的前提是承认、拥护奥林匹克精神、主义和宗旨,承认《奥林匹克宪章》,并采用奥林匹克标准参加奥林匹克运动;

(3)积极参加奥运会,发挥社会主义优越性,把奥运会作为中国竞技体育最高层次的活动,实行举国体制,认真组织好参加奥运会的工作。

思 考 题

1. 试述新中国参与奥林匹克运动的历程。
2. 试述中国参加历届奥运会的特点。

延伸阅读

何振梁在申办奥运会时陈述

第八章　中国奥林匹克运动史

奥运经典之何振梁

何振梁,1929年生,2015年逝世,浙江上虞人,曾任国际奥委会委员、国际奥委会副主席、国际奥委会文化与奥林匹克教育委员会主席、中国奥委会主席、国家体育运动委员会副主任、中国奥委会名誉主席。1950年毕业于上海震旦大学电机系。同年到团中央对外联络部工作。1954年加入中国共产党。1955年到国家体育运动委员会做国际联络工作。1981年当选国际奥委会委员,1985年起任国家体育运动委员会副主任、党组副书记,同年当选国际奥委会执委。1989年当选中国奥委会主席,并当选国际奥委会副主席。

他是中国杰出的体育外交家、中国奥林匹克运动的推动者、新中国与奥林匹克关系史的见证人。他曾参与了新中国体育对外交往的历次重大事件,经历了无数重要时刻,而他本人的经历更是颇富传奇色彩。2001年7月13日,北京申办2008年奥运会成功,终于了却了他一生中最大的心愿。从1955年结缘体育到2001年北京申奥成功,在近五十年走向体育、走向奥运的过程中,何振梁变成了一个国际化的体育外交家,成了中国人追梦奥运的象征性人物。何振梁的心愿,一是把国际奥委会文化与奥林匹克教育委员会的工作做好,让体育与文化教育的结合扎扎实实;二是在中国全面登上世界体育舞台的中心后,协助培养更多更好的活跃于国际舞台的有能力、有影响的人才,并在力所能及的范围内为使2008年奥运会真正成为奥运史上最出色的一届奥运会效劳。何振梁是无数中国人追梦奥运的象征性人物。他的申奥之词萦绕于耳:"主席先生、国际奥委会的委员们,无论你们今天做出什么样的选择,都将载入史册,但是只有一种决定可以创造历史";"选择北京,你们将在奥运会历史上第一次将奥运会带到拥有世界上五分之一人口的国家,让十多亿人民有机会用他们的创造力和奉献精神为奥林匹克运动服务";"如果你们把举办2008年奥运会的荣誉能够授予北京,我可以向你们保证,7年后的北京,将让你们为今天的决定而自豪"。

第九章　北京夏季奥运会

【内容提要】

　　1993年,北京以2票之差与2000年夏季奥运会主办权失之交臂。2001年7月13日晚的莫斯科国际奥委会112次全体会议投票结果,北京获得2008年第29届奥运会主办权。2001年12月,北京奥组委正式成立,北京开始进入2008年奥运会筹备期。为了实现承办一届历史上最出色奥运会的承诺,北京奥运会在场馆建设、环境治理、人文奥运等诸方面高起点工作,先后高标准完成了奥运会立法、《北京奥运行动规划》制订、奥运会会徽设计、北京奥运会场馆建设方案及实施等工作。同期进行的奥运会商业运作、奥运会志愿者选拔培训、奥运文化与教育等工作也有条不紊地进行。北京奥运会既谋求奥运会举办结果的出色、和谐,又谋求奥运会筹办过程的出色、和谐,这将区别于以往历届奥运会。经过精心的筹办,北京举办了一届"有特色、高水平"的体育盛会。本章旨在使大学生了解、关注北京奥运会,分享、欣赏北京奥运会的成功与精彩。

【学习目标】

1. 简述中国申办2000年奥运会的历程。
2. 了解奥林匹克规划的内容。
3. 论述北京申办2008年奥运会的基础和优势。
4. 简述北京获得2008年奥运会举办权的历程。
5. 了解北京奥运会举办及协办城市的状况。
6. 简述北京奥运会的目标和理念。
7. 了解北京奥运会的交通问题。
8. 了解北京奥运会的市场运作计划。
9. 简述奥运会志愿者的意义及北京奥运会志愿者招募的程序。
10. 简述北京奥运会场馆建设。
11. 论述北京奥运会口号的内涵。

12. 简述北京奥运会的举办及历史影响。

13. 名词解释：绿色奥运、人文奥运、"中国印·舞动的北京"、"天、地、人"、福娃

【关键词】

北京　申办　目标理念　绿色奥运　人文奥运　交通　志愿者　场馆　会徽

第一节　北京夏季奥运会的申办

2001年7月13日，13亿中国人民的不眠之夜。天安门广场人潮欢涌，其情震天撼海；中华世纪坛鼓乐高亢，其势排山倒海。中国申奥成功的意义，早已超过体育的范畴。中国经过20多年的改革开放，经济腾飞，政治安定，科教发展，人心凝聚……中国人民的努力得到了世界人民的肯定。

1. 北京申办2000年夏季奥运会

申办夏季奥运会是中国人民的愿望，邓小平同志非常关心奥运会的申办工作。1990年，中国首次承办国际综合性运动会第11届亚运会，获得全面成功。1991年2月22日，北京市向中国奥委会提交了承办2000年第27届奥运会的正式申请书。同年12月4日，北京奥申委代表在瑞士洛桑向国际奥委会主席萨马兰奇递交了承办申请书。北京基于自己的申办实际地位，确立了改革开放的中国企盼奥运、确保第三世界国际奥委会委员支持和争取更多其他国际奥委会委员支持的战略指导思想。这在北京申办奥运会的口号——"开放的中国盼奥运"可以窥见一斑。改革开放以来，中国经济蓬勃发展，国家的经济实力有了长足的进步。盼奥运表达了占世界五分之一人口的大国对奥运会的渴望，希望以奥运会为契机，促进中国的发展。

北京在精心准备奥运会的申办工作中迎来1993年9月23日，这是举世瞩目的一天，国际奥运会的101次全体会议在蒙特卡洛举行，投票选出2000年奥运会的承办城市。当晚18时，投票结果揭晓，中国北京在前3轮连续以多数票领先的情况下，最终在第4轮中被悉尼以45∶43的微弱优势夺去主办权，北京首次申办奥运失利。从国际奥委会遴选2000年奥运会举办城市理念的视角来看，当时北京尚处于劣势地位。尽管中国及北京的经济高速发展，但经济总量还较为单薄。同时交通、环保、语言等问题也受到国际奥委会委员的质疑。基于此，尽管有正确的申办战略思想指导，有全国人民热切支持以及奥运会组委会相

关人员辛勤工作,但北京自己手中并未完全掌握主动权,加上美国的政治干涉,最后以两票之差惜败悉尼。申奥失利后,《人民日报》刊发"坚定不移地走向世界"的社论。社论表明了我国对于国际奥委会对中国申办工作的支持一如既往充满感激之情,对全世界也一如既往充满友好之情,今后中国将更加敞开胸怀,欢迎四海宾客,广交五洲朋友,坚定不移地走向世界。北京第一次申奥失败后,正视自己的劣势和不利因素,败而不馁,不断总结提高,这为北京申办2008年奥运会积累了丰富的经验。

2000年申奥结果公布时中央电视台转播中心现场

2. 北京申办2008年夏季奥运会

自1991年北京申办2000年奥运会始,中国与国际奥委会进入了全面接触、广泛交流的奥运快速发展期。1993年北京申奥失利以后,中国加速自己的发展,苦练内功,国内经济快速腾飞,政治稳定,综合国力进一步增强,这为北京第二次申奥的战略思想的转变奠定了坚实的物质基础。1999年4月6日,时任中国奥委会主席的伍绍祖和时任北京市市长的刘淇等一行赴瑞士洛桑国际奥委会总部,向国际奥委会递交了北京市承办2008年奥运会的申请书。

北京申办奥运会大体可分为四个阶段:

(1)筹备、组织阶段。北京2008年奥林匹克运动会申办委员会(简称"北京奥申委")成立后的100多天时间里就迅速完成了组建队伍、征集会徽和口号、对奥运村进行初步规划等工作。

(2)确定主题,通过初选阶段。北京奥申委提出了"新北京、新奥运"的理念和"绿色奥运、人文奥运、科技奥运"三个主题,对奥林匹克公园及主要场馆进行了总体规划和设计。

（3）攻关阶段。这个阶段的关键性任务是送交申办报告和迎接国际奥委会评估团考察。

（4）冲刺阶段。其中心任务就是全力以赴做好莫斯科陈述，面对全体委员展示新北京形象和新奥运构想，在最后的竞争中赢得主办权。

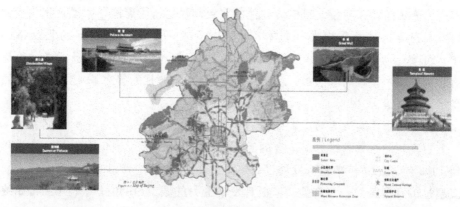

北京旅游资源

3.申办2008年奥运会的规划

在北京中轴线的北四环路北侧有一片空地，迟迟没有开发。这里难道没有商业开发价值？根据申办报告中的规划，这里将兴建包括主体育场在内的14座比赛场馆和国际展览中心、奥运村、主新闻中心，其北侧是760公顷的森林公园。为举办奥运会预留奥林匹克公园用地，这不能不说是具有远见卓识的决策。

北京一览

早在1991年中国第一次提出申办2000年奥运会,就得益于一个伟大人物——邓小平同志的鼓励,北京在成功地举办了亚运会后就提出了申办2000年奥运会,但第一次申办奥运会没有成功。1999年,北京再次提出申办奥运会,无疑是以江泽民同志为核心的党中央高瞻远瞩、审时度势的英明决策。江泽民同志多次表示关注和支持北京申奥。他曾在致萨马兰奇主席的信中说:"我和我的同事们完全支持北京申办。如能在具有悠久文明并且迅速发展的北京举办2008年奥运会,无论对奥林匹克运动,对中国乃至世界都具有积极意义。我深信北京市在中国政府和全国人民的支持下,将作出非凡的努力,一定能办成一届高水平的奥运会。"

4. 北京申办奥运会的基本条件

中国和北京具备举办奥运会的经济实力:中国作为发展中国家,从1991年到1999年,近10年来经济发展以每年10.8%的速度增长,1999年国内生产总值超过1万亿美元。北京是一座极具发展潜力的城市,1990—1999年经济始终以两位数的速度增长,1999年地区生产总值超过320亿美元,人均地区生产总值在2500美元以上。

中国政治稳定,社会安定:改革开放以来,中国取得了举世瞩目的伟大成就,经济迅速发展,人民生活水平显著提高,国泰民安,社会安定团结。在世界主要首都城市中,北京是刑事犯罪率、交通死亡率、火灾发生率最低的城市之一,城市安全保障体系具备举办大型体育赛事的能力。

中国是一个体育大国,体育事业蓬勃发展:竞技体育方面,中国已连续在25届和26届两届奥运会上获得金牌和奖牌总数第四名的好成绩。迄今为止,中国运动员共获得1317个世界冠军,超过或打破世界纪录1026次。中国群众性体育运动基础雄厚,常年坚持体育锻炼的逾3亿人。

北京具有举办大型运动会的经验:北京多年来积极参与奥林匹克事务和诸多国际体育赛事,不仅成功地举办了1990年第11届亚运会、1994年第6届远南残运会,并且获得了2001年第21届世界大学生运动会的主办权,为举办奥运会积累了宝贵的经验。

北京具备举办奥运会的设施条件:北京拥有现代化的通信、交通、饭店及其他社会服务设施,体育设施也达到了较高水平。全市共有体育场馆5000多个,其中可容纳5000人的体育场8个,可容纳2000人的体育馆15个。还有一批具有国际先进水平的大中型体育场馆正在建设之中。

北京夜景

5. 北京申办 2008 年奥运会的优势

中国是世界上人口最多的国家。2008 年奥运会在占世界人口五分之一,其中有 4 亿青少年的中国举办,是宣传奥林匹克理想和精神、普及发展奥林匹克运动的大好时机,更能体现奥运会的全球性、广泛性和参与性。

古都北京是世界历史文化名城。北京具有 3000 多年建城史,有着众多的名胜古迹和丰厚的文化底蕴。北京又是一座拥有近百所高等学府、科学教育事业发达的现代化城市。在北京举办奥运会,有利于弘扬奥林匹克精神,促进东西方文化的交流与融合。

北京申办奥运会得到了中国政府和全国人民的大力支持。2000 年 5 月 8 日,朱镕基同志代表党中央、国务院表示:中国政府对这次申办十分重视,全力支持,并将从各个方面为北京申办工作创造良好的条件。北京申奥得到了全国人民和全市人民的大力支持,北京奥申委征集到 2000 多件北京奥申委会徽设计稿和 3 万余条申奥口号;各地群众通过签名、旅行等方式表达对北京申办奥运会的支持,北京奥申委网站开通首日,访问量就突破万人大关,网上支持率达 94.6%。中外许多企业出资赞助北京申办奥运会。

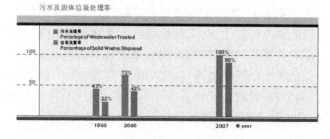

北京的环境等治理计划

中国从未举办过奥运会。按惯例,奥运会应轮流在各大洲举办,一个大洲一般不能连续举办两次。亚洲自1988年韩国汉城奥运会后,到2008年已有近20年没有举办过奥运会。中国作为亚洲最大的国家,如果从地缘政治考虑,从奥林匹克运动的全球性和公正性以及未来发展考虑,北京申办成功的概率很大。

6. 北京申办2008年奥运会的策略

北京在申奥的战略指导思想上,总结第一次申办失利因素,汲取悉尼等多届城市申办经验,提出了"绿色奥运、科技奥运、人文奥运"三大理念,符合国际奥委会的奥运申办理念。同时北京提出新的申办口号"新北京,新奥运":一方面表达了有三千余年建城史的北京,经过改革开放的洗礼后将以崭新的、多姿多彩的面貌进入新世纪,她将以饱满的热情欢迎全世界的体育健儿和各界朋友,共同参与奥运盛会。另一方面表达了历经百年沧桑的现代奥林匹克运动会,在拥有世界人口五分之一的中国举办,将使奥林匹克精神得到更广泛的传播,翻开奥林匹克运动的崭新一页。同时,进入新世纪的奥林匹克运动也将以全新的面貌向世界人民展示其特有的魅力。"新北京,新奥运"在申办的战略指导思想上突显中国改革成果丰富的豪迈之气,在国际奥委会遴选奥运会举办城市的理念上已使北京同其他申办城市处于平等甚至优势地位。在此申奥思想指导下,北京申奥的相关工作均有条不紊地进行,城市建设、环保工作等基础设施建设工作已先期展开。坚实的国家经济实力、强劲的发展趋势、正确的申办战略指导思想,为北京夺得2008年奥运会的举办权奠定了坚实的物质和理论基础。

7. 以奉献精神申办奥运会

申办2008年奥运会,是一项工作量巨大的系统工程,又是一次富有悬念的挑战。北京奥申委100个工作人员来自五湖四海,大部分是从北京市有关部门和国家体育总局抽调来的,然而这是一个高素质又特别能战斗的集体。

长达500多页、分17个主题的申办报告的撰写工作是本次申奥最重要的"规定动作"。报告涉及政治、经济、文化、体育和城市建设等方方面面,称得上是一部北京市今后8年发展前景的"百科全书"。直接参加这项工作的有几十个单位、200多人。在撰写报告的100多个日日夜夜,他们中不少人为之呕心沥血,最紧张的时刻创造了连续工作37小时的纪录。很难相信,北京奥申委外联部只有十几个人。他们负责与国际奥委会、国际单项体育联合会以及国际奥委会委员的联络工作。这项工作既不能违规,又要有所作为,属于"看不见的战线"。大家不计报酬,不图名利,默默地奉献。其中包括参加过2000年申办工作的何振梁、吕圣荣、魏纪中、楼大鹏等是外联部的"编外人员",又称年长的"志愿者"。

第九章 北京夏季奥运会

申奥招贴画

申办会徽由奥运五环色构成,形似中国传统民间工艺品的"中国结",又似一个打太极拳的人形。图案行云流水,和谐生动,充满运动感,象征世界人民团结、协作、交流、发展,携手共创新世纪,表达了奥林匹克更快、更高、更强的体育精神。

申办会徽"中国结"

8. 以开放精神申办奥运会

"新北京,新奥运",这是北京申办 2008 年奥运会提出的口号,也在北京申奥工作中得到了充分体现。在新的申办规则下,申办报告是国际奥委会委员了解申办城市的一个非常重要的窗口。但由于报告内容繁杂,同时又需要翻译成英文和法文,质量要求高,时间紧。北京奥申委领导明确提出,采取招标的方式,不管国有企业还是私营企业,谁的好就交给谁做。中标的理想设计公司以及 4 家制版公司都是私营企业,但申办报告的装帧、设计、制版和印刷都是高质量的。

北京在申办奥运会过程中,多次聘请外籍专家,使北京申奥在思维和语言上更接近于国际惯例。评估团来北京考察前,陈述组进行了多次演练,并聘请参与过亚特兰大和巴塞罗那奥运会的公关公司人员,就陈述的质量担当评委,反复修改、演练。北京撰写的申办报告和向评估团的陈述质量,得到了高度赞扬。与巴黎、多伦多等申办对手相比,对外宣传是北京的弱项,北京因此请来了美国和澳大利亚的公关公司,帮助北京向外推介北京的崭新形象。此后北京奥申委接待了大批的对外记者。据统计,共有多达七八十家的外国媒体、二三百名记者。这种面对面的沟通与对话,一方面充分体现出北京申办奥运会的自信,同时也使北京在对外宣传方面打了一个比较成功的战役。在五个申办城市中,有关北京申奥的报道不仅最多,而且正面报道的比例也在不断上升,到投票前夕,正面报道已达到了60%,在很大程度上为北京申奥提供了一个良好的国际舆论环境。

申奥成功举国欢庆

9. 北京获得 2008 年奥运会主办权

2001 年 7 月 13 日,在莫斯科召开的国际奥委会第 112 届全体会议以不记名投票方式选出 2008 年奥运会主办城市。国际奥委会主席萨马兰奇庄严宣布:2008 年奥运会的主办权属于北京! 此时,北京沸腾了,中国沸腾了! 北京获得 2008 年奥运会主办权,终于圆了中国人民及海外华人华侨一个世纪的奥运梦。

萨马兰奇宣布:2008 年奥运会的主办权属于北京

自 1998 年北京提出申办 2008 年奥运会以来,北京的城市基础设施建设不断传来佳音:北京轻轨铁路上马,四环路全线通车,五环路开始修建,广安大街竣工。1998—2007 年,北京投入 120 亿美元治理环境……这一切都使百姓真真切切感受到申奥连着我和你。北京和全国人民的支持为北京申奥赢得一个"高分"。国际奥委会评估委员会在对北京的评估结论中说,北京在各申办城市中"享有最高程度的民众支持率"。这些也使得北京在第二轮投票中以 56 票压倒性优势胜出,而多伦多得 22 票,巴黎仅得到 18 票。

申奥成功时刻

第二节 北京夏季奥运会的筹办

1. 北京奥运会组委会

奥运会组委会是组织、管理、实施奥运会筹备和举办工作的专门机构。第 29 届奥林匹克运动会组织委员会(简称"北京奥组委")成立于 2001 年 12 月 13 日,由北京市政府,国家体育总局,中央和国务院有关部门负责人,奥林匹克事务专家,优秀运动员代表,教育界、科技界、文化界人士,以及企业家和社会其他知名人士组成。它承担着北京奥运会和北京残奥会各项筹办任务的组织工作。北京奥组委的执行机构为执委会,执委会由主席(刘淇担任)、第一副主席(陈至立担任)、执行主席(刘鹏、王岐山、邓朴方担任)、执行副主席和执委组成。

北京奥组委下设秘书行政部、总体策划部、国际联络部、体育部、新闻宣传部、工程和环境部、市场开发部、技术部、法律事务部、运动会服务部、监察审计部、人事部、财务部、文化活动部、安保部、媒体运行部、场馆运行部、物流部、残奥会部、交通部、火炬接力中心、注册中心、开闭幕式工作部等 23 个部门。随着北京奥运会筹备工作的全面展开,北京奥组委逐步扩大它的编制,2008 年增加到

30多个部门。

2. 北京奥运会举办城市及协办城市

2001年7月,北京申办2008年奥运会报告中确定,除北京外,青岛为2008年奥运会帆船比赛协办城市,上海、沈阳、秦皇岛、天津四个城市为2008年奥运会京外足球赛区城市。

美丽的青岛

2005年7月,国际奥委会、北京奥组委和国际马术联合会就2008年奥运会马术比赛从北京易地香港达成了共识,香港成为2008年奥运会赛马比赛协办城市。

香港

众多城市的参与,使北京奥运会举办、协办比赛城市达到历届奥运会从未有过的 7 个,充分体现了"全民办奥运,全民参与奥运"的思想,也在一定程度上给予奥运场馆资源、奥运会商业运作等奥运会相关工作极大的促进作用。

3.《北京奥运行动规划》的制订

2002 年 3 月 28 日,北京市人民政府、北京奥组委发布了《北京奥运行动规划》,全文共分总体战略构想、奥运比赛场馆及相关设施建设、生态环境和城市基础设施建设、社会环境建设和战略保障措施五大部分,涵盖体育等 9 个专门计划。《北京奥运行动规划》以"三个代表"重要思想为指导,贯彻中央关于办好奥运会的指示精神,以"新北京、新奥运"为主题,突出"绿色奥运、科技奥运、人文奥运"的理念,坚持勤俭节约,全面促进首都经济发展、城市繁荣和社会进步,力求为中国及世界体育留下独特的遗产,为中华民族的繁荣、昌盛做出应有的贡献。

自《北京奥运行动规划》发布起,北京市进入一个以筹办奥运为特色的加速发展时期,对顺利完成"十五"计划,实现首都"新三步走"发展战略,将产生极大的推动作用。为了实现承办一届历史上最出色奥运会的承诺,指导和统筹奥运会的各项筹办工作,《北京奥运行动规划》明确规定奥运会筹办工作分为三个阶段:①前期准备阶段,2001 年 12 月—2003 年 6 月。制订并实施《北京奥运行动规划》,组建奥运会组织领导机构,全面落实奥运场馆、设施的前期工作和施工准备,环保设施、城市基础设施及一批文化、旅游设施开始建设,市场开发工作启动运行。②全面建设阶段,2003 年 7 月—2006 年 6 月。全面完成"十五"计划确定的各项任务,奥运场馆及相关设施建设全面展开,其他各项准备工作全面进行。到 2006 年 6 月,基本完成奥运场馆及设施的工程建设,各项准备工作基本就绪。③完善运行阶段,2006 年 7 月—2008 年。奥运会开幕前,各项建设工作全面完成,全部场馆和设施达到奥运会要求;对所有建设项目和各项准备工作进行检查、调整、测试和试运行,确保正常使用;组织工作、安全保卫工作以及各项服务工作全部就绪。

美国 SasaKi 公司设计的奥林匹克公园方案

《北京奥运行动规划》新闻发布会

4. 北京奥运会的目标

北京奥运会的目标为:举办一届有特色、高水平的奥运会。

有特色包含中国风格、人文风采、时代风貌、大众参与四个方面。"中国风格"要充分展示中华民族 5000 年悠久历史和灿烂文化,体现浓郁的中国韵味,让 2008 年奥运会成为世界人民更充分地了解和体验中国的历史、文化、人民和自然风光的最佳窗口。"人文风采"要突出人文奥运的理念,表现奥林匹克的精神,倡导人们陶冶情操,实现人的身心和谐发展,展示精彩纷呈的多元文化,展现中华儿女和谐至美的优良传统。"时代风貌"要表达当代中国人民自强不息、奋发有为的精神风貌,中华儿女积极进取、昂扬向上的朝气和活力,与世界人民共同追求和平、友谊、进步的强烈愿望。"大众参与"要展现占世界人口五分之一的中国人民和广大港澳台同胞和海外侨胞积极参与奥林匹克运动的风采。北京奥运会既是在世界人口最多的国家举办的一届奥运会,也会成为人民群众参与程度最广泛的一届奥运会。

高水平表现在八个方面:一是要有高水平的体育场馆设施和竞赛组织工作。二是要有高水平的开幕式及文化活动。三是要有高水平的媒体服务和良好的舆论评价。四是要有高水平的安全保卫工作。五是要有高水平的志愿者队伍和服务。六是要有高水平的交通组织和生活服务。七是要有高水平的城市文明形象。八是各国运动员创造优异成绩。

5. 北京奥运会的理念

北京奥运会在筹办的过程中坚持五大方针:开放办奥运、创新办奥运、节俭办奥运、廉洁办奥运、全民办奥运。

坚持开放办奥运的方针——学习和借鉴历届奥运会的成功经验和做法,提高中国和北京的开放水平,向世界展示中国经济发展、社会进步的新形象。

第九章 北京夏季奥运会

坚持创新办奥运的方针——在遵守《奥林匹克宪章》和《主办城市合同》的前提下,集中各方智慧,使北京奥运会筹办工作在体制创新、机制创新、管理创新上不断取得新突破。

坚持节俭办奥运的方针——在筹办工作中注重勤俭节约,珍惜每一种资源,注重赛后利用,促进城市的可持续发展,力争取得良好的经济效益和社会效益。

坚持廉洁办奥运的方针——在筹办工作中始终遵循公开、公平和公正的原则,完善制度,加强监督,举办一届廉洁的奥运会。

坚持全民办奥运的方针——是社会各界共享北京奥运会带来的发展机遇,吸引和激励全中国13亿人民和数千万海外华人华侨关心和支持北京奥运会筹办工作。

北京奥运会充分体现三大理念:绿色奥运、科技奥运、人文奥运。

绿色奥运——用保护环境、保护资源、保护生态平衡的可持续发展思想筹办奥运会,广泛开展环境保护的宣传教育活动,促进北京和中国环保基础设施的建设和生态环境的改善,倡导绿色健康的生活方式和消费方式。

科技奥运——紧密结合国内外科技最新进展,集成全国科技创新成果,举办一届高科技含量的体育盛会;提高北京科技创新能力,推进高新技术成果的产业化和在人民生活中的广泛应用,使北京奥运会成为展示新技术成果和创新实力的窗口。

人文奥运——传播现代奥林匹克思想,展示中华民族的灿烂文化,展现北京历史文化名城风貌和市民的良好精神风貌,推动中外文化的交流,加深各国人民之间的了解与友谊;促进人与自然、个人与社会、人的精神与体魄之间的和谐发展;突出"以人为本"的思想,以运动员为中心,提供优质服务,努力建设使奥运会参与者满意的自然和人文环境。

大学生志愿者在居庸关长城上挥舞红扇

6. 北京城市环境保护与绿化:绿色奥运

北京奥运会的绿色奥运含义为:把环境保护作为奥运设施规划和建设的首要条件,制定严格的生态环境标准和系统的保障制度;广泛采用环保技术和手段,大规模多方位地推进环境治理、城乡绿化美化和环保产业发展;增强全社会的环保意识,鼓励公众自觉选择绿色消费,积极参与各项改善生态环境的活动,大幅度提高首都环境质量,建设宜居城市。

早在1998年开始,北京市先后划分九个阶段实施了数十项控制大气污染的紧急措施,使主要大气污染物浓度显著下降,空气质量明显好转,大气污染得到有效治理。2003年市空气质量达到二级和好于二级的天数为224天,占全年总天数的61.4%。在生态治理方面,永定河、潮白河、大沙河、延庆康庄、昌平南口等五大重点风沙危害区的20万亩裸露土地全部"披绿",京津风沙源治理工程使林草植被得到了快速的恢复和增加,为首都提供了绿色屏障。城市污水处理能力达到188.6万吨/日,城近郊区污水处理率达到56%,城近郊区垃圾无害化处理率达91.3%。城八区共有1900多台燃煤锅炉改用清洁能源,其中四个城区已基本完成对20吨以下燃煤锅炉改用清洁能源工作。2003年汽车维修行业共免费检测汽车尾气180.4万辆次,治理尾气排放不合格车辆18.9万辆次。

在城市绿化方面,到2003年北京市绿化取得新进展。第一道绿化隔离带完成绿化面积1000公顷,第二条绿化隔离带、温榆河生态走廊和奥林匹克公园等重大生态保护和建设项目陆续启动,全市林木覆盖率达到47.5%,城近郊区绿化覆盖率达到41%,城近郊区新增绿地面积409公顷,人均公共绿地面积突破10平方米。2005年9月29日,北京奥组委环境保护管理体系通过了ISO14001(1996版)环境管理体系审核和认证。北京奥运会在软硬件方面均迈向绿色环保工程。总之,北京为履行申办报告中奥运会举办地环境要求的承诺不懈努力。

奥运绿化

7. 北京奥运会的交通问题

北京在申办奥运会时承诺"53%的场馆在20分钟内可以到达,所有的场馆在30分钟内可以到达"。然而,专家预计,奥运会比赛期间北京全市各场馆高峰日人流聚集量115万人次,奥林匹克公园最多观众人数41.4万人次,奥林匹克公园高峰日全日人流聚集量54万人次,其中高峰日高峰时段最大人流聚集量23.6万人次。要解决北京1000多万人的交通出行,对较为薄弱的交通基础建设来说是一项任务巨大的课题。

2006年时,对北京奥运会召开时刻的交通进行了具体的方案布置。一是设立了奥林匹克专用道的网络,在北京市107条道路上,设置了300公里的奥林匹克专用道的网络,保证运动员从奥运村到每个比赛场馆基本上能够在奥林匹克专用道这个网络里进行运行,这个运行就是设计的速度,能够达到60公里/小时。二是开辟快速公交专线和地铁的使用。即包括地铁5号线、地铁10号线,还有机场专线以及奥林匹克公园专线,四条线和快速公交系统构成北京市的公共交通的一个骨架,能够使得北京市公共交通承担的比例由2006年的28.1%提高到赛时的42%,对于地面的车流、交通流起到一个减缓作用。三是北京在奥运期间可以采用时间调整方案,调整部分影响范围内单位的工作时间,错开奥运高峰,在部分单位实行弹性工作制,鼓励在家办公,甚至安排职工休假等,同时延长城市客运时间,为公众提供奥运会期间交通拥堵时间、地点等交通信息。

政协委员刘敬民在2008年全国政协十一届一次会议中详细介绍了奥运会期间采取的具体措施:第一方面,将在奥运会赛时设置280多公里的奥运专用道。第二方面,在赛时,按照一些国际惯例和成功的做法,削减汽车流量。第三方面,削减一些过境的车辆。

健翔桥

8.北京奥运会市场运作

北京奥运会市场运作分为北京2008年奥运会赞助计划和特许计划两个类别。北京2008年奥运会的赞助计划是最为全面的一揽子计划,产品类别众多,营销期长达五年,以期在遵守《奥林匹克宪章》、遵循奥林匹克理想和北京2008年奥运会"绿色奥运,科技奥运,人文奥运"理念的基础上,推动奥林匹克运动的发展,提升北京2008年奥运会和中国奥委会在国内外的形象与品牌知名度。

联想集团欲借奥运五环旗冲刺全球市场

北京奥运会的赞助层次包括国际和国内两个方面:国际奥委会第六期全球合作伙伴计划在国际范围内对整个奥林匹克运动提供支持,包括支持北京奥运会;北京2008年奥运会赞助计划在主办国范围内对举办2008年奥运会提供支持。后者包括三个层次,即北京2008年奥运会合作伙伴,北京2008年奥运会赞助商,北京2008年奥运会供应商(独家供应商、供应商)。

国际奥委会第六期全球合作伙伴为包括可口可乐、联想集团在内的11家大公司和集团。其中2004年3月26日,联想集团在北京与国际奥委会、北京奥组委、都灵奥组委签署合作协议,宣布正式成为第六期国际奥委会全球合作伙伴,备受世界关注。这是奥运历史上中国企业首次获此资格。

奥运会特许经营是指奥组委授权合格企业生产或销售带有奥组委标志、吉祥物等奥林匹克知识产权的产品。为享有这一权利,特许企业将向奥组委交纳一定的特许权费,以此对奥运会做出贡献。奥运会特许计划旨在推广奥林匹克理念和奥运品牌,为公众提供接触奥运的机会,激发奥运热情。

第九章 北京夏季奥运会

国际奥委会第六期全球合作伙伴

奥运物流

　　北京奥运会举办比赛城市达到七个,在体现了"全民办奥运,全民参与奥运"思想的同时,又充分利用了七个城市地涉中国的东北部、东部、南部地区,以及经济较为发达、人口云集的直辖市、省会或者重要港口城市的优势,有益于奥运商业运作开发。2006年10月,北京奥组委与中国香港奥委会联合签署《联合市场开发计划协议》。

签约仪式

9. 2008年北京奥运会的"人文奥运"主题与教育

人文奥运的内涵：普及奥林匹克精神，弘扬中华民族优秀文化，展现北京历史文化名城风貌和市民的良好精神风貌，推动中外文化的交流与融合，加深各国人民之间的了解、信任与友谊；突出"以人为本"，以运动员为中心，提供优质服务，努力建设使奥运会参与者满意的自然、人文环境；遵循奥林匹克运动的宗旨，以举办奥运会为主线，开展丰富多彩的文化教育活动，丰富全体人民的精神文化生活，促进青少年的全面发展；以全国人民的广泛参与为基础，推进文化体育事业的繁荣发展，增强中华民族的凝聚力和自豪感。

自2003年开始，"北京2008"奥林匹克文化节每年举办一届，至2008年奥运会举办年止。每届文化节均有鲜明的主题，其中首届奥林匹克文化节主题为"魅力北京、文化奥运"，第二届的主题为"活力北京、青春奥运"，第三届的主题为"文明北京、情系奥运"，第四届的主题为"体验文明、共享奥运"。除首届在9月开幕外，其他三届均从奥林匹克日6月23日开始。文化节的内容涵盖了从首届的北京奥运会会徽展到奥林匹克知识大赛、奥运展览、奥运论坛、奥运文化广场和市民日、国际体育电影节、残疾人艺术等文化体育活动。青岛奥帆委〔全称为第29届奥林匹克运动组织委员会帆船委员会（青岛）〕也在青岛全市组织了丰富多彩的文化节活动。体育与文化的紧密结合，为普及奥林匹克精神、活跃群众的文化生活、繁荣文化艺术、交流学术思想提供了平台，奥林匹克文化节已成为展现中国特色、北京风格和奥林匹克精神的国际性文化活动的窗口。

第九章　北京夏季奥运会

"北京2008"奥林匹克文化节

北京奥运会强调广泛开展奥林匹克教育是实现"人文奥运"的最终保障。早在申办成功前,中国就在体育院系中开设奥林匹克运动的相关教育。在奥运筹办过程中,北京奥组委充分挖掘奥林匹克运动的教育价值,与教育部共同制订了详细的"奥林匹克教育计划",编写了适合大、中、小学不同阶段的奥林匹克知识普及读物和教材近200种,数量达几百万册,开设了奥林匹克教育网络,为奥林匹克教育提供理论素材,面向全国中小学生约4亿青少年,广泛深入地开展奥林匹克教育。另外,多所大学也开设奥林匹克教育的相关课程。2006年,北京奥组委在全国命名了500余所奥林匹克教育示范学校,多途径、多方式传播奥林匹克理想,推动奥林匹克精神的本土化。

儿童架子鼓表演

10.北京奥运会志愿者

志愿者是现代奥林匹克运动的基石,是奥运会形象大使。高素质的志愿者队伍和高水平的志愿服务,将展示中国和北京人民的风貌,为举办一届"有特色、高水平"奥运会贡献力量。

北京奥运会、残奥会赛会志愿者是指由北京奥组委组织招募,接受北京奥组委管理,需要制发奥运会和残奥会身份注册卡,赛会期间承担相应岗位职责,在北京奥组委指定的时间和岗位工作,义务为北京奥运会、残奥会服务的人员。北京奥运会的志愿者的基本条件为自愿参加北京奥运会、残奥会志愿服务;1990年6月30日(含)前出生,身体健康;遵守中国法律法规;能够参加赛前的培训及相关活动;能够在北京奥运会、残奥会期间连续服务7天以上;母语为汉语的申请人应具备基本的外语交流能力,母语不是汉语的申请人应具备基本的汉语交流能力;具备志愿服务岗位必需的专业知识和技能。

志愿者服务

北京奥运会、残奥会赛会志愿者主要在北京地区招募,以北京高校学生为主要来源,同时面向全国各省市自治区居民、港澳同胞、台湾同胞、海外华人华侨和外国人招募一定数量的赛会志愿者。赛会志愿者的招募流程主要包括申请人报名、材料审核、面试、测试、岗位分配、背景审核和发出录用通知等。北京奥组委按照招募流程分批次在申请人中录用赛会志愿者,2007年8月发出第一批赛会志愿者录用通知。赛会志愿者录用工作于 2008 年 5 月完成。对志愿者进行培训的内容包括奥林匹克基本知识、北京奥运会和残奥会概况、中国历史及传统文化、北京历史及文化生活、残疾人服务知识和技能、礼仪规范、医学常识及急救技能等。另外,还进行专业培训、场馆培训、岗位培训等方面的培训。赛会志愿者主要在场馆(含竞赛场馆、训练场馆和非竞赛场馆)进行志愿服务。服务领域主要涉及礼宾接待、语言翻译、交通服务、安全保卫、医疗卫生、观众服务、沟通联络、竞赛组织支持、场馆运行支持、新闻运行支持和文化活动组织支持,以及其他北京奥组委指定的领域。

11. 北京奥运会场馆建设

北京奥运会共需要使用 37 个比赛场馆、5 个相关设施和 60 多个训练场馆。其中 28 个项目的比赛中的 26 个项目在北京举办,共需建设 31 个比赛场馆,其中新建 12 个,改扩建 11 个,临建 8 个。另外 6 个分别位于秦皇岛、青岛、香港、沈阳、天津、上海 6 个城市。至 2006 年 6 月,12 个新建场馆已全部开工建设,11 个改扩建项目已有 9 个开工建设。其中,"鸟巢"(国家体育场)和"水立方"(国家游泳中心)是科技含量最高的两个奥运工程项目。"鸟巢"拥有 91 000 座席数,奥运会时用于田径、足球比赛。它是世界上跨度最大的钢结构建筑。最大跨度达到 343 米,如果使用普通钢材,厚度至少要达到 220 毫米。整个建筑的钢结构的总重量将超过 8 万吨,非常不便于加工和运输,况且钢板越厚,焊接工艺将越复杂,操作越困难。

"鸟巢"与"水立方"

"水立方"拥有永久座席 6000 个,临时性座席 11 000 个,奥运会期间进行游泳、跳水、花样游泳、水球比赛。它是世界上首个基于"肥皂泡理论"建造的多面体钢架结构建筑。"水立方"的建筑外围护采用新型的环保节能 ETFE(四氟乙烯)膜材料,由 3000 多个气枕组成,覆盖面积达到 10 万平方米。这些气枕大小不一,形状各异,最大的一个约 9 平方米,最小的一个不足 1 平方米。墙面和屋顶都分为内外 3 层,9803 个球型节点、20 870 根钢质杆件中没有一个零件在空间定位上是完全平行的,传统的二维图纸无法标出工件的坐标。

这两个堪称"世界之最"的场馆建筑,设计方案虽然都来自外国设计单位,但建设水平要求高,难度大,在结构计算、施工工艺、质量检验标准等方面都完全是中国人自主制定完成的,填补了多项国内技术空白。这无疑为世界留下了崭新的"奥运建筑遗产"。

12. 北京奥运会会徽

北京奥运会会徽名为"中国印·舞动的北京",是北京奥组委从 1985 份参赛作品中甄选出来的。它将肖形印、中国字和奥运五环有机地结合起来,巧妙地幻化成一个向前奔跑、舞动着迎接胜利的运动人形,表达了北京热情地张开双臂欢迎世界各国朋友的到来,充满了青春的活力。她的图案似印非印,似"京"非"京",潇洒飘逸,充满张力,寓意舞动的北京;她是有中国精神、中国气派、中国神韵的中国汉文化的符号,象征着开放、充满活力、具有美好前景的中国形象;她体现了"新北京,新奥运"的理念和"绿色奥运、科技奥运、人文奥运"的内涵,再现了奥林匹克友谊、和平、进步,更快、更高、更强的精神。它是奥林匹克精神与中国优秀传统文化的完美结合,是中国人民奉献给奥林匹克运动的财富。概括起来,"中国印·舞动的北京"有四项含义:其一是中国特点、北京特点与奥林匹克运动元素的巧妙结合,其二是城市加年份的标准字体设计别出心裁、独树一帜,其三是总体结构与独立结构比例协调,其四是有利于形象景观应用和市场开发。

中国印·舞动的北京

13. 北京残奥会会徽

北京残奥会会徽名为"天、地、人",是一个充满动感的人形,暗示着残疾人在运动和生活中所付出的巨大努力,以"天、地、人"和谐统一为主线,把中国的文字、书法和残奥精神融为一体,体现了"精神寓于运动"的残疾人奥林匹克运动精神,具有深厚的中国传统文化底蕴。

北京 2008 年残奥会会徽"天、地、人"与北京奥运会会徽"中国印·舞动的北京"如同孪生姐妹。北京 2008 年残奥会会徽"天、地、人"以汉字作为会徽图案,北京 2008 年奥运会会徽"中国印·舞动的北京"以印章作为会徽图案,"中国字"和"中国印"都是中国传统典型的文化元素,充满了中国文化特色,突出了"人文奥运"理念,寓意深刻,两者在思想上和艺术风格上遥相呼应,相得益彰,相映成辉。

2008 年残奥会会徽"天、地、人"

14. 北京奥运会吉祥物

福娃(Fuwa)是北京 2008 年第 29 届奥运会吉祥物,其色彩与灵感来源于奥林匹克五环,来源于中国辽阔的山川大地、江河湖海和人们喜爱的动物形象。福娃是五个可爱的亲密小伙伴,他们的造型融入了鱼、大熊猫、藏羚羊、燕子以及奥林匹克圣火的形象。每个娃娃都有一个朗朗上口的名字:"贝贝""晶晶""欢欢""迎迎"和"妮妮"。在中国,叠音名字是对孩子表达喜爱的一种传统方式。红色的福娃"欢欢",以奥运圣火为原型;黑白相间的福娃"晶晶",原型为国宝大熊猫;此外,还有原型为鱼儿,象征江河湖海的福娃"贝贝",原型为藏羚羊的福娃"迎迎"和原型为燕子的福娃"妮妮"。这五个福娃从色彩上正好呼应了奥运五环的红、橙、蓝、绿、黑,当把五个娃娃的名字连在一起,你会读出北京对世界的盛情邀请:"北京欢迎您"。福娃向世界各地的孩子们传递了友谊、和平、积极进取的精神和人与自然和谐相处的美好愿望。

北京奥运会吉祥物"福娃"

15. 北京奥运会口号

北京 2008 年奥运会的口号是:"同一个世界,同一个梦想"(One World One Dream)"。这一主题口号凝聚着成千上万人的智慧,集中体现了奥林匹克精神的实质和普遍价值观——团结、友谊、进步、和谐、参与和梦想,表达了全世界在奥林匹克精神的感召下,追求人类美好未来的共同愿望。尽管人类肤色不同、语言不同、种族不同,但我们共同分享奥林匹克的魅力与欢乐,共同追求着人类和平的理想,我们同属一个世界,我们拥有同样的希望和梦想。

"同一个世界,同一个梦想",深刻反映了北京奥运会的核心理念,体现了作为"绿色奥运、科技奥运、人文奥运"三大理念的核心和灵魂的人文奥运所蕴含的和谐价值观。

"同一个世界,同一个梦想",文简意深,既是中国的,也是世界的。口号表达了北京人民和中国人民与世界各国人民共有美好家园,同享文明成果,携手共创未来的崇高理想;表达了一个拥有五千年文明,正在大步走向现代化的伟大民族致力于和平发展、社会和谐、人民幸福的坚定信念;表达了 13 亿中国人民为建立一个和平而更美好的世界做出贡献的心声。

英文口号"One World One Dream"句法结构具有鲜明特色。两个 One 形成优美的排比,World 和 Dream 前后呼应,整句口号简洁、响亮,寓意深远,既易记上口,又便于传播。中文口号"同一个世界,同一个梦想"中将 One 用"同一"

表达,使"全人类同属一个世界,全人类共同追求美好梦想"的主题更加突出。

"同一个世界,同一个梦想"

16.北京奥运会主题歌

每届奥运会的主办国或主办地都会自行创作一首集中反映主办国、主办地鲜明人文特色以及人类追求奥林匹克精神的主题歌曲,即该届奥运会的主题歌。主题歌由奥运会组委会负责征集遴选,一般每届奥运会组委会只确定一首主题歌。根据奥运会的传统,奥运会主题歌演奏是奥运会开幕式的组成部分。

北京2008年奥运会主题歌从2003年4月15日起,面向全球连续五年征集,每年一届,每届评出10首奥运歌曲作为北京奥运会主题歌入围候选歌曲。经过各种媒体的广泛推广和各界群众的广泛传唱,最终将确定一首充分反映中国文化特色和奥林匹克精神,又为世界各国人民广为接受的北京2008年奥运会主题歌。

17.北京奥运会宣传画和奖牌

奥运会宣传画是配合奥林匹克运动会,以宣传奥运会和奥林匹克思想为目的而印制的招贴画。奥林匹克宣传画还常常用来介绍奥运城和奥运会主办国的自然风光、经济发展和传统文化。正式的奥运会宣传画一般都印有奥运会会徽和有关标志。北京奥组委通过各种形式的宣传画征集评选活动,产生了一大批创意精良、富于中国特色的作品。基于北京是具有悠久历史的古都,传承历史的一座现代化大都市,中国在哲学、艺术、绘画方面为世界贡献了文化财富,在宣传画设计中将通过追溯传统历史来寻求灵感,用全人类都能听得懂的国际化语言展示自己。

奥林匹克奖牌是每一个运动员在运动生涯中追求的最高荣誉,是运动员在奥运会上出色表现的标志。奥运会的奖牌由每一届奥运会的组委会提供,但属于国际奥委会所有,奖牌的设计方案必须得到国际奥委会的认可。北京2008年奥运会奖牌设计方案在借鉴往届奥运会奖牌、北京奥运会会徽和吉祥物等创作经验的基础上,突出"光荣与梦想""更快、更高、更强"的主题,使北京奥运会奖牌成为宣传奥林匹克精神和北京奥运会理念,展示中国艺术、设计和科技水平的物质载体,成为北京奥运会的一份独特遗产。

北京奥运会奖牌

18.中国军团备战北京奥运会

北京获得奥运会的举办权,筹办过程出色的同时,中国人民尤其期待在本土欣赏到中国军团在奥运会竞技舞台上的出色表演。据以往历届奥运会举办东道主竞赛成绩均有大幅提高,雅典奥运会中国又一举获得32枚金牌,跃居金牌榜第二位的现实,中国人民给予北京奥运会中国军团更高的期待。放眼2008年奥运会,中国军团挑战与希望同在。

据2005年各项目世界三大赛中金牌统计,美国获得了奥运会小项的42枚金牌,俄罗斯和中国的金牌数分别为34枚、28枚。中国的28枚金牌,主要集中在传统的优势项目上,包括举重、跳水、射击、乒乓球、羽毛球、体操等中国竞技体育强项。从总量上看,由于所设小项数有限,中国获得的金牌数已近乎饱和,因此金牌数增长空间较小。而其他项目中国的水平还比较落后,难以在奥运会上争金夺银。在奥运会金牌大项田径、游泳、水上的122个小项中(北京奥运会共计302个小项),2005年中国一块金牌未得,雅典奥运会中国获得4枚金牌。三大球项目,除了女排外,其他项目中国尚未具有获得奥运奖牌实力。加上中国在雅典奥运会时网球女子双打等项目的偶然性,中国军团迎战北京奥运会面临着巨大的挑战。

但中国又有着东道主的优势,有着竞技体育诸多方面的有利因素,因此金牌数保持上届奥运会水平甚至有所突破均是充满希望。2006年,中国体操队在世界体操锦标赛中获取8枚金牌,创历史之最,加上男子48公斤级拳击、现代五项、帆船等项目又有所突破,中国军团如能延续在雅典奥运会的表现,相信他们会交给全国人民一份满意的答卷。

中国女子体操队世锦赛首次封后

第三节 北京夏季奥运会的举办

1. 难忘的北京夏季奥运会

2008年8月8日,那个热泪盈眶的夜晚,中国百年奥运梦圆,世界目光为中国停驻。奥运年,中国人团结一心战胜风浪,证明中国值得所有喝彩。百年期盼、七年筹办的第29届夏季奥林匹克运动会在中国国家体育场隆重开幕。全球205个国家和地区的体育健儿在五环旗下实现奥运史上空前的大团聚。

北京奥运会的成功体现在很多方面,至今保留着三大纪录难以超越。首先是投资历史之最,2004年希腊为举办夏季奥运花费了70亿欧元,导致国家负债累累。2008年的北京奥运会花费是雅典的数倍,达到了400亿美元。其次是参赛队伍和观众数量之最,北京奥运会之成功在于各国人民的广泛参与,参加的国家和地区达到了204个,是历届奥运会最多的一次。前来观看比赛的观众人数历届最多,约有750万人次,现场观众数目也是历届奥运会以来最多的一次。最后是收视率之最,奥运会赛场门票及媒体赛事转播带来很多商机。由于北京奥运会是历届参与国家和地区最多的一次,因此这一届的收视率极高,据估计全球有超过45亿人次观看了北京奥运会,表明当时全球都极为关注北京奥运会,创造了收视率最高纪录。

2.精彩的火炬接力

2008年3月31日,北京2008年奥运会圣火欢迎仪式暨火炬接力启动仪式在天安门广场隆重举行。胡锦涛同志在仪式上亲手点燃圣火盆,并宣布北京2008年奥运会火炬接力开始。

从北京出发的火炬,在五大洲19个城市和全国各省、自治区、直辖市以及香港特区、澳门特区传递。活动历时130天,总行程15万公里,运行火炬手21 880名,是奥运史上传递路线最长、传递范围最广、参与人数最多的一次火炬接力活动,为北京奥运会营造了良好氛围。在国内火炬传递过程中,基本上每个省都经过三四个城市,部分省份经过5个城市,除了省会城市外,这些城市或者经济发达,或者有悠久的历史文化,有特殊的历史意义。

北京2008年奥运会火炬接力的主题是"和谐之旅"。从4月1日起,火炬接力将在世界五大洲和中国全境展开。这是奥运史上传递线路最长、传递范围最广、参与人数最多的一次火炬接力活动。8月8日,经过2万多名火炬手、13.7万公里传递的圣火,点燃了北京奥运会主体育场上的主火炬。

3.开幕式经典时刻

2008年夏季奥林匹克运动会开幕式是北京奥运会的开幕典礼,于北京时间2008年8月8日晚上8时整在北京国家体育场(俗称"鸟巢")举行。19时50分,在欢快的乐曲声中,胡锦涛同志等国家领导人和雅克·罗格、萨马兰奇等各个国家的领导人以及国际奥委会相关组织人员走上主席台,向观众挥手致意。全场响起持续不断雷鸣般的掌声。

北京奥运会开幕式现场

一道耀眼的光环,照亮古老的日晷,2008名演员击打2008尊缶(春秋战国时期的一种酒器),缶上白色灯光依次闪亮,幻化出60秒倒计时:60,…,50,…,40,…,30,…,20,…,10,9,8,7,6,5,4,3,2,1。在雷鸣般的击缶声和现场9万名观众的欢呼声中,北京奥运会开幕式正式拉开大幕。2008名演员击缶而歌,吟诵着"有朋自远方来,不亦乐乎",欢迎着世界各地奥运健儿和观众来到北京。震撼人心的《击缶而歌》也将中国人的精气神宣泄得淋漓尽致。

2008名演员击打2008尊缶

奥运圣火点燃仪式上,许海峰是场内第一棒火炬手,他把火炬交给了跳水女皇高敏,随后李小双、占旭刚、张军、陈中、孙晋芳举着火炬在场内传递,来到体育场上的一个高台,体操王子李宁手中的火炬被点燃,李宁绕着体育场上空一幅徐徐展开的圣火传递画卷奔跑,最后来到火炬塔旁,点燃引线,奥林匹克圣火在鸟巢体育场上空点燃,标志着北京奥运会正式拉开序幕。回顾这伟大的开幕式,伟大的历史时刻,致敬每一个追梦人,中国,继续向前!

4.中国军团获得第一

北京奥运会上,中国健儿在自家门口发挥出色,展现出中国健儿敢打敢拼的特点,赛出风格,赛出水平,最终勇夺金牌榜第一,创造历史,震撼世界。尤其是中国乒乓球队,直接包揽了乒乓球项目全部金牌。

中国乒乓球女团由张怡宁、王楠、郭跃组成,三人是中国乒乓球队的大佬级人物。小组赛毫无悬念,三场3∶0强劲击败对手,中国队以小组第一出线。直到进入决赛,中国队均以3∶0碾压对手,强势晋级。决赛时,和中国队一较高下的是号称"中国二队"的新加坡队。之所以有"中国二队"这个称呼,是因为新加坡三位选手原来都是中国队的,这次是代表新加坡出战。强强对决,自然是斗智斗勇。张怡宁调整战术,防守反击打得非常出色。最终,中国乒乓女团顺利夺冠。之后的比赛更是毫无悬念,中国乒乓球队拿下男单、男团、女单、女团4枚金牌,包揽了该项目的全部金牌。三面五星红旗一齐升起,现场的沸腾声惊破天际,彰显"国球"雄风。

张怡宁、王楠、郭跃获得冠军后的颁奖现场

郭晶晶在跳水项目中表现也十分突出,她站在跳水板上,轻轻弹起,在空中旋转180度后,干净利落地入水,成功为中国摘得跳水项目首枚金牌。郭晶晶的金牌拿得十分不易,在奥运会前夕,她的视网膜险些脱落,看东西也看不清楚,但她的努力与自信让她无所畏惧,最终夺得金牌。

郭晶晶为中国摘得跳水项目首枚金牌

此次奥运会,还有多名中国运动员打破纪录。射击运动员杜丽在女子50米步枪中获得金牌,打破奥运会纪录;游泳运动员刘子歌在女子200米蝶泳中获得金牌,打破世界纪录;等等。另外还有很多比赛经典时刻,如男篮平奥运会历史最好战绩,女篮获得奥运历史第三好成绩;女子单人射箭打破韩国在该项目的垄断;中国体操队在体操项目全部14枚金牌中获得了9枚金牌,并创造了多项历史纪录;中国跳水队在全部的8项比赛中,获得7金1银、3铜,仅在男子单人10米台中丢掉了一块金牌;等等。最终,中国队摘得48金、22银、30铜,首次斩获奥运会金牌榜第一。

5.北京奥运会的影响

(1)提升国家形象和城市知名度。建设国际化大都市是一个国家的名片,2008年北京奥运会的成功举办,不仅让国人感到骄傲自豪,更颠覆了世人的眼光,让世界记住了中国。国家形象的提高,会在无形中增强国人的民族荣誉感与民族自信心。这些精神层面的东西,看似微不足道,实则对国家的社会发展具有促进作用。举办奥运是中国大国实力的展现,因为不是任何一个国家都可以成功举办奥运,奥运的成功举办除了需要强大的资金、先进的技术等硬实力作为后盾外,还需要具有强大的民族凝聚力、团结一致和爱国精神等文化软实力。对经济而言,越来越多的外国人涌入中国,不仅拉动了中国经济的发展,而且增加了中国的外汇收入,来华投资的外国商人越来越多,资本资金更加具有流动性,中国与世界的交流更加频繁活跃。于政治而言,提高了中国在世界的影响力,增加了中国的国际话语权,同时也促进了中国与其他国家的发展交流。于文化而言,向世人展现了中国传统文化的魅力,文房四宝,集天地之精华,将中华民族五千年的文明,展现于笔端画卷,凝结成人间瑰宝。一轴长卷中,国画表达出东方美学独特的时空观念与哲学精神。四大发明,尽显中国智慧;戏曲礼乐,演奏华夏辉煌之象;太极八卦,描绘世间万物变化。文化,在发挥着不可替代的作用。

(2)各领域经济发展。申办奥运会带来的经济增长,可以说是"乘数效应",一些行业如旅游业、餐饮业、商业、现代制造业、房地产行业、科技信息产业、传媒影视业、交通运输业等得到了飞速发展。首先,北京奥运会的举办,加之其丰富的旅游业资源,吸引了各国的游客慕名而来,这无疑促进了旅游业的发展,而伴随旅游业发展的最明显的为餐饮业。其次,外来人口的涌入不可避免地会带动酒店住宿服务业的发展。据当时预测,北京奥运会期间将有40万~45万游客,客流的短时间集聚会大大刺激交通运输业的发展,同时也为其带来不可估量的巨大挑战与经济利益。与奥运相关的上市公司、来华投资的外国商人看好中国市场的发展前景,这也正是所谓的"奥运经济"效应。投资、消费的增长,增加了中国的财政收入。北京奥运会标志性的鸟巢、水立方等建筑的修建拉动了建筑建材及现代制造业的发展。开幕式中,欢迎焰火、梦幻五环、画卷、蓝色星球等科技与文化相结合的震撼人心的表演,所有的精心设计都孕育着科技带来的强大魅力与伟大力量。

(3)对民生的影响。北京奥运会成功举办以来,有这样一句口号:"世界看中国,中国看北京。"这不仅仅是一句简单的口号,更是世界对中国综合实力的进一步肯定。外国友人慕名而来,促进了国家体育产业的发展;国家奥林匹克体育中心建成后带动周边经济发展;奥运会的成功举办带动了北京国际化大都市的发展;北京地铁、公路等基础交通设施建设带动了一大批进城务工人员再就业,解决了温饱问题。成功举办奥运会,对北京的发展是重大契机。实践证明,中国不仅举办了一届空前盛大的奥林匹克运动会,还解决了部分民生问题。从多方发展角度分析,最终的受益者是老百姓,会改善及提高人民的生活水平。

国家奥林匹克体育中心

(4)增加创业就业机会。北京奥运会的举办带动了多个项目的发展,完善了城市的基础设施建设,推动了经济结构的调整,促进了新兴产业的发展,而这些项目的建设无不需要众多的人力、物力与财力,从而为数万的劳动者提供了就业机会,创造了就业岗位,降低了我国的人口失业率,就业水平与质量的提高直接带动了经济发展。据国家发展和改革委员会调查统计,北京奥运会直接创造了150万个就业岗位。

(5)促进精神文明建设。北京奥运会的成功举办,一方面彰显了大国实力,另一方面极大增强了国人的凝聚力。奥运的举办,激发了人民的爱国热情,以爱国主义为核心的民族精神得到了广泛发扬,人民齐心协力搞建设,团结一致促建设,增强了人民的自信与民族荣誉感。而为奥运会建设的众多建筑物,在奥运会后将成为北京市民广泛参与体育活动及享受体育娱乐的大型专业场所,并成为具有地标性的体育建筑和奥运遗产,丰富我国的文化事业。

思 考 题

1. 论述北京两次申办奥运会的基础和优势。
2. 试述北京奥运会的目标和理念。
3. 论述北京奥运会口号、会徽的内涵。

第十章　北京冬季奥运会

【内容提要】

　　北京以城市的名义成功申办冬奥会,将成为首个既举办过夏季奥运会,又举办冬季奥运会的"双奥之城"。2022年北京冬季奥运会,由北京市和张家口市联合举行。那么,北京冬奥会是如何申办成功的? 在北京冬奥会到来之际,其筹备情况如何呢?

【学习目标】

1. 简述中国与冬奥会的渊源。
2. 简述中国申办2022年冬奥会的历程。
3. 简述中国筹办2022年冬奥会的历程。
4. 北京承办冬奥会的价值与前景。

【关键词】

　　北京　申办　筹办　历程　冬奥会　价值与前景

第一节　中国冬季奥运会史

1. 清代的冰雪运动

　　清代冰嬉,是满族八旗兵必须操练的一项军事技术项目。清朝皇帝每年冬天都要在冰面上检阅八旗子弟的滑冰技术,后加入娱乐和表演的性质,供皇族观赏。冰嬉被清朝统治者称为国俗。盛行于民间的"冰蹴球"在什刹海地区已有300多年历史,清康熙年间曾有一位名叫李声振的诗人在《百戏竹枝词》中记载了当年盛况:"蹴鞠场上浪荡争,一时捷足趁坚冰;铁球多似皮球踢,何不金丸逐九陵。"

第十章 北京冬季奥运会

清代满族八旗冰嬉

2.参与冬奥会的学习阶段

新中国成立后,中国的冰雪运动获得了长足发展,并逐步与国际接轨。1979年,中国奥委会在国际奥委会合法席位得到恢复。

冬奥会中国代表队入场

1980年2月13日,在美国普莱西德湖第13届冬奥会上,中国代表团第一次登上冬奥会舞台。本届冬奥会,中国代表团共派出了28名运动员,参加了滑雪、滑冰、现代冬季两项等18个单项的比赛。首次参加冬奥会的中国队未获得奖牌,与冬奥会强国存在较大差距。苏联获得10金、6银、6铜,位列奖牌榜第一,其次为民主德国9金、7银、7铜,美国以6金、4银、2铜获第三。

1984年第14届冬奥会在南斯拉夫首都萨拉热窝举办,此次冬奥会中国队共派出37名运动员参加26个单项比赛,虽然没有获得奖牌,但达到了锻炼队伍的目的。民主德国以9金、9银、6铜获得第一,苏联以6金、10银、9铜屈居第二,美国以4金、4银获得第三。

1988年,在第15届冬奥会中,中国队派出20人的代表团参加速滑、花样滑冰、越野滑雪3个项目的比赛,我国运动员李琰在本届冬奥会女子短道速滑表演赛中获1000米金牌和500米、1500米铜牌,为我国在接下来的冬奥会中突破领奖牌埋下很好的伏笔。苏联以11金、9银、9铜位列奖牌榜首位,民主德国以9金、10银、6铜屈居第二,瑞士以5金、5银、5铜获得第三。

1988年冬奥会李琰获短道速滑1000米金牌

3.参与冬奥会的奖牌突破及发展阶段

中国实现冬奥会奖牌"零"的突破

1992第16届法国阿尔贝维尔冬奥会,中国代表团"第一次"在正式比赛中取得奖牌,终于实现奖牌"零"的突破,共获得3枚银牌。其中女选手叶乔波,在比赛中带伤上阵,顽强拼搏,夺得500米和1000米两项速滑的银牌。她挂着冰刀去,坐着轮椅凯旋,成为当年的一个体坛神话。德国以10金、10银、6铜排名第一,独联体以9金、6银、9铜排名第二,挪威以9金、6银、5铜排名第三,中国队以3银排在第十五名。1994年第17届冬奥会在挪威利勒哈默尔举办,此次冬奥会中国队派出27名选手参赛,张艳梅获500米短道速滑银牌,叶乔波获

1000米速滑铜牌,陈露获花样滑冰女子单人铜牌。俄罗斯以11金、8银、4铜排名第一,挪威以10金、11银、5铜屈居次席,德国以9金、7银、8铜排名第三,中国以1银、2铜排名十九。

中国队成绩大幅提高

1998年第18届冬奥会在日本长野举办,此次冬奥会中国队共参加了滑冰、冰球、滑雪、冬季两项4大项,短道速滑、速滑、女子冰球、花样滑冰、自由式滑雪、冬季两项、越野滑雪等共40个单项的比赛。这届中国队获得6银、2铜共8枚奖牌,位列第十六名,进步明显。德国队以12金、9银、8铜获得第一,挪威以10金、10银、5铜获得第二,俄罗斯以9金、6银、3铜排名第三。

4. 冬奥会金牌零的突破

中国获冬奥首金——杨扬夺冠

2002年2月8日,第19届冬奥会在美国盐湖城举行。这届冬奥会共设有78个项目的比赛,比上一届冬奥会多出10项。来自中国的短道速滑运动员杨扬成为中国第一位夺得冬奥会金牌的运动员。本届比赛中国队一共获得2金、2银、4铜的好成绩,排在奖牌榜的第十三位。挪威队以13金、5银、7铜的成绩排名第一,德国队以 12 金、16 银、8 铜屈居第二,美国队以 10 金、13 银、11 铜排名第三。

申雪和赵宏博在比赛中

2006 年第 20 届意大利都灵冬奥会,中国队共派出 151 人代表团参赛,其中运动员 76 人。2006 年我国选手韩晓鹏在 2 月 24 日自由式滑雪空中技巧男子比赛中,为中国夺得历史上第一枚雪上项目的金牌,这也是中国男选手首次夺得冬奥会雪上项目金牌。最终本届冬奥会中国队奖牌数提升,以 2 金、4 银、5 铜名列奖牌榜第十四位,前三位分别为德国 11 金、12 银、6 铜,美国 9 金、9 银、7 铜,奥地利 9 金、7 银、7 铜。

王濛成就单届冬奥会三金壮举

2010 年第 21 届加拿大温哥华冬奥会,王濛斩获女子短道速滑 500 米、1000 米和接力 3 枚金牌,并打破世界纪录,成为中国首位单届冬奥会获得 3 枚金牌的选手,中国队也由此包揽了本届冬奥会短道速滑女子项目全部 4 枚金牌。王濛两届冬奥会共斩获 4 金、1 银、1 铜 6 枚奖牌,成为截至当时世界上获得短道速滑奥运奖牌数最多的女选手。加拿大队以 14 金、7 银、5 铜历史性地排名第一,德国队以 10 金、13 银、7 铜位列第二,美国队以 9 金、15 银、13 铜排名第三。

中国大道速滑粉碎 34 年魔咒——李坚柔获得冠军

2014 第 22 届俄罗斯索契冬奥会,中国代表团共赢得 3 金、4 银、2 铜,排名第十二。其中速度滑冰张虹夺金,帮助中国大道速滑粉碎 34 年魔咒,可谓最重要一金。而短道速滑李坚柔、周洋也给冰迷带来惊喜,一扫王濛受伤的阴影。此外,中国队本届冬奥会有 8 个"90 后"奖牌获得者,预示了未来的力量。东道主俄罗斯以 13 金、11 银、9 铜获得第一,挪威以 11 金、5 银、10 铜排名第二,加拿大以 10 金、10 银、5 铜排名第三。

武大靖破世界纪录夺得金牌

2018年第23届韩国平昌冬奥会,武大靖在短道速滑男子500米项目中获得了中国队在本届冬奥会中的唯一金牌,最终中国队取得1金6银2铜9枚奖牌,排在奖牌榜第十四位。

第二节 北京冬季奥运会的申办

1. 北京获得2022年冬奥会举办权

2015年7月31日,国际奥委会大会在吉隆坡票选2022年冬奥会举办城市,中国北京最终以44∶40击败哈萨克斯坦的阿拉木图,获得2022年第24届冬奥会主办权。至此,北京成为全球第一个既举办过夏奥会又举办冬奥会的城市,这无疑又使无数热血沸腾的中国人了却了一桩心事。下面让我们一起来回顾申办冬奥之路。

北京这片土地与冰雪运动的渊源,恐怕从这里的人和雪初见的那天就开始了。

2. 中国申办冬奥会的意义

北京获得2022年冬奥会举办权,将给北京带来很多发展契机。

首先,冬奥会在中国举办可以促进全民健身,带动3亿多民众参与冰雪运动。一直以来,冰雪运动被称为"高岭之花",参与这项运动的仍是少数人群。我国取得2022年冬奥会举办权,有助于冬季运动的发展,并激发3亿多国人参与其中,使更多的人认识和体会到冬季户外运动的益处和乐趣,这对提高全民身体素质以及弘扬奥林匹克精神都有重要意义。

国际奥委会主席巴赫宣布北京取得2022年冬奥会举办权

其次,冬奥会对推动中西文化交流融合、增强民族自信将产生积极影响。奥林匹克运动会是全球性的体育盛会,不仅为各国体育健儿提供了展示自我的竞技场所,也为促进世界和平、增进相互了解、实现文化交融、传递文明友谊搭建了最好的学习交流平台。我国通过承办冬奥会,可以进一步振奋民族精神,宣传中华灿烂文明和优秀文化,展示大国实力和精神风貌,增强民族凝聚力和自豪感。

再次,筹办冬奥会有助于生态环境的改善。节能减排、生态保护、环境治理等已经成为当前的重要任务。2013年,北京市出台了5年投资1300亿美元的"清洁空气行动计划",河北省也在生态环境治理上做出行动。随着2022年冬奥会筹办和全社会环保意识的逐步提高,生态环境质量和水平将会得到大幅改善。

3. 中国承办冬奥会的价值和前景

当前,社会各界认为北京申办冬奥会要比申办夏奥会低调得多,是因为"坚持节俭办赛"是国际奥委会的改革理念之一,北京要与之"完全吻合、高度一致"。《人民日报》一篇文章列出北京承办冬奥会的四大好处:一是冰雪运动将走进3亿人的生活;二是"APEC蓝"有望成为生活常态;三是新高铁开通、新机场投用,出行更便捷;四是京津冀联系更紧密,创造更多就业机会。

北京申办冬奥会可行性

据介绍,北京实施了2013—2017年清洁空气行动计划,市财政直接投资400多亿元,带动社会总投资7600亿元来治理大气。2022年冬奥会,京张两地启用12个竞赛场馆,但仅3个场馆新建。北京将进一步提升公共交通服务水平。2019年投入使用新的国际机场。在诸多建设工程中,最吸引人眼球的莫过于酝酿已久的京张高铁,其设计时速为每小时200公里至350公里,通车后北京到张家口太子城站预计仅需50分钟。

张家口是当前河北省经济不发达的地区之一,而北京和张家口两地联合举办冬奥会,将为河北尤其是张家口提供前所未有的历史机遇,仅就京张地区体育文化旅游而言,就有望增加6万人就业。申冬奥成功,将促使京津冀一体化取得重大突破。

中国奥委会于2013年11月3日致函国际奥委会,以北京市名义提出申办2022年冬奥会,至2015年7月31日北京成功申办冬奥会,共历时636天,让我们共同回顾北京申办2022年冬奥会的足迹。

2013年6月9日至10日,国际奥委会在"奥运之都"瑞士洛桑举行2022年冬奥会候选城市陈述交流会,两个候选城市北京和阿拉木图的代表向国际奥委会全体委员进行陈述和回答咨询。

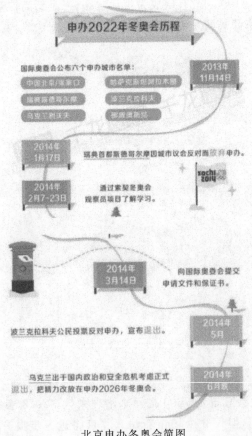

北京申办冬奥会简图

第十章 北京冬季奥运会

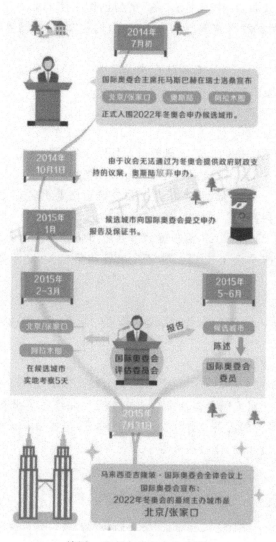

续图　北京申办冬奥会简图

2013年11月3日,中国奥委会正式致函国际奥委会,提名北京市为2022年冬奥会的申办城市。

2014年3月14日,国际奥委会宣布,中国北京、波兰克拉科夫、挪威奥斯陆、哈萨克斯坦阿拉木图和乌克兰利沃夫5个城市正式申办2022年冬奥会。

2014年7月7日,国际奥委会宣布,中国北京与挪威奥斯陆、哈萨克斯坦阿拉木图三座城市正式入围2022年冬奥会候选城市。

2014年8月1日,以中国书法"冬"字为创作主体的北京申办2022年冬奥会的标识,在北京2022年冬奥会申办委员会(简称"北京冬奥申委")第一次全体会议上正式亮相。

2014年10月1日,挪威奥斯陆正式退出申办,候选城市只剩下北京和哈萨克斯坦的阿拉木图。

2015年1月6日,北京冬奥申委在瑞士洛桑向国际奥委会提交2022年冬奥会申办报告。

2015年3月24—28日,国际奥委会评估团来华评估考察。

2015年6月1日,国际奥委会公布2022年冬奥会候选城市评估报告。

2015年6月9—10日,北京冬奥申委赴瑞士洛桑出席2022年冬奥会候选城市与国际奥委会委员陈述交流会。

2015年7月31日,2022年冬奥会举办城市将在马来西亚吉隆坡举行的国际奥委会第128次全会上揭晓。最终北京成功申办2022年冬季奥林匹克运动会。

第三节 北京冬季奥运会的筹办

1. 北京冬奥组委成立

2015年12月15日,北京2022年冬奥会和冬残奥会组织委员会(简称"北京冬奥组委")在北京人民大会堂举行成立大会。北京冬奥组委的成立,标志着北京2022年冬奥会的筹备工作进入了新的阶段,与赛事相关的场馆建设与改造、交通规划、环境保护、比赛服务等一系列工作也将全面提上日程。

北京2022年冬奥会和冬残奥会组织委员会成立大会

从"冬奥申委"到"冬奥组委",北京携手张家口在举办冬奥盛会的征程上又向前迈出了关键一步。北京冬奥组委的成立是2022年冬奥会筹备工作的一个里程碑。要尽善尽美地完成各项筹备任务，需要各方面全面、扎实、稳定地向前推进各项工作。北京冬奥组委任重而道远。

北京作为一个曾成功举办过夏季奥运会的城市，拥有着十分宝贵的办赛经验。2008年奥运会留下的软硬件遗产，如场馆、人才、文化、管理经验等，也将在筹备2022年冬奥会的过程中发挥不可替代的作用。传承并发扬北京奥运会筹备、举办过程中的经验，是北京冬奥组委在筹备冬奥会过程中必做的功课。

北京申办2022年冬奥会提出"以运动员为中心、可持续发展和节俭办赛"的三大理念，与国际奥委会《奥林匹克2020议程》高度契合，将给奥林匹克运动和中国社会留下新的宝贵遗产。2022年冬奥会，将在占世界五分之一人口的国度更好地传播奥林匹克团结、友谊、和平的宗旨和理念，带动3亿中国人参与冰雪运动，使参与冬季运动变成越来越多民众的生活内容，从而促进国民身体素质的提高。2022年冬奥会，中国和世界必将迎来一场"精彩、非凡、卓越"的奥运盛典。

2. 北京冬奥会赛场

北京冬奥会26个场馆分布在3个赛区，分别是北京赛区、延庆赛区和张家口赛区。

(1)北京赛区。北京赛区共有13个场馆，其中现有场馆8个、新建场馆3个、临时场馆1个。这13个场馆中，包括6个将要举办比赛的竞赛场馆，即国家游泳中心"水立方"、国家体育馆、五棵松体育中心、首都体育馆、国家速滑馆"冰丝带"、首钢滑雪大跳台；7个承担训练及赛事相关服务的非竞赛场馆，即国家体育场"鸟巢"、首体滑冰馆、首体综合馆、首体短道速滑馆、北京冬奥村、国家会议中心、北京赛区颁奖广场。

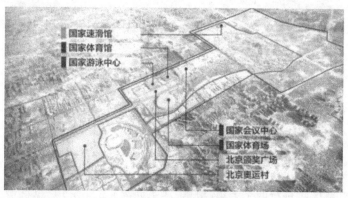

北京赛区场馆建设简图

北京赛区将进行3个大项（冰壶、冰球、滑冰）、6个分项（冰壶、冰球、短道速滑、花样滑冰、速度滑冰、单板滑雪大跳台）、34个小项的比赛。北京奥林匹克公园是2008年奥运会遗产，2022年将再次成为冬奥会的核心区域，北京冬奥会26个场馆中的7个位于北京奥林匹克公园范围内。

(2)延庆赛区。延庆赛区共有场馆5个，包括两个竞赛场馆，即国家高山滑雪中心、国家雪车雪橇中心，3个非竞赛场馆，即延庆冬奥村、山地新闻中心、延庆赛区颁奖广场。

延庆赛区场馆建设简图

(3)张家口赛区。张家口赛区位于张家口市崇礼区。该赛区共有8个场馆，包括5个竞赛场馆，即冬季两项中心、北欧中心跳台滑雪场、北欧中心越野滑雪场、云顶滑雪公园场地A、云顶滑雪公园场地B,3个非竞赛场馆，即张家口冬奥村、张家口山地媒体中心、张家口赛区颁奖广场。

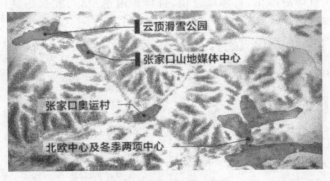

张家口赛区场馆建设简图

张家口赛区将进行两个大项（滑雪、冬季两项）、6个分项（单板滑雪、自由式滑雪、越野滑雪、跳台滑雪、北欧两项、冬季两项）、50个小项的比赛。

第十章 北京冬季奥运会

3. 北京冬奥会和冬残奥会会徽征集历程

2017年12月15日,北京2022年冬奥会会徽和冬残奥会会徽在国家游泳中心水立方正式亮相。2022年北京冬奥会和冬残奥会会徽一同征集、一同发布,为同一设计师所设计,在视觉语言上达到高度统一。北京冬奥会筹办从此迈入一个全新的阶段。

北京2022年冬奥会会徽——冬梦

2015年7月31日傍晚,国际奥委会主席巴赫在马来西亚吉隆坡会展中心郑重宣告,北京获得第24届冬奥会举办权。一年后的同一天——2016年7月31日,北京冬奥组委从长城发出邀请,面向全球征集2022年北京冬奥会和冬残奥会会徽设计方案。北京冬奥组委以绿色办奥、共享办奥、开放办奥、廉洁办奥理念为指导,借鉴2008年奥运会和近几届冬奥会和冬残奥会经验,依托现有体制,广泛发动、专群结合,开展会徽征集设计工作,并将工作分为全球征集、专家评审、修改深化、评议沟通、法律查重、呈报审批六个阶段。

会徽征集启动以来,受到国内外各界人士、专业设计机构的广泛关注。会徽设计征集工作自2016年7月31日启动起至2016年11月30日16时截止,征集工作历时4个月,共收到设计方案4506件,数量是北京2008年奥运会会徽征集的2.2倍。

设计方案分别来自全国31个省、自治区、直辖市及香港、澳门特别行政区和台湾地区,以及美国、俄罗斯、英国、法国等13个国家。最年长的投稿人85岁,年龄最小的投稿人7岁。有多位残疾人设计者亲自来到征集办公室递交作品。来自专业设计机构和高等院校的设计方案达到3198件,占总数的71%。通过北京冬奥组委官方微博参与和关注会徽征集活动的人数超过700万人。

北京2022年冬残奥会会徽——飞跃

专业设计师提交作品比例高,中外专家组成的评审严谨公正。2016年10月,经国际奥委会、国家体育总局、中国残疾人联合会、中国美术家协会、中国工业设计协会、北京设计学会、北京奥运城市发展促进会、专业美术院校等机构和代表推荐,北京冬奥组委邀请国际、国内15名知名专家和运动员代表组成了会徽专家评审委员会,由北京奥运城市发展促进会副会长蒋效愚担任评委会主席。

15名评委中,既有北京奥运会吉祥物"福娃"的主创团队成员之一韩美林,也有中国美术馆馆长吴为山等国内艺术界专家,2004年雅典奥运会形象景观设计创意总监奥多拉·玛莎里斯等担任国际评委。此外,评委中还有体育界代表、国际奥委会委员、中国冬奥会首金获得者杨扬。

2016年12月16日,4000多件作品在不显示应征者姓名、单位情况下,被按照展现的元素、图形、字体和艺术特点等进行分类。评委会按照会徽评审程序和规则进行筛选。

在经过初选、复选两轮评比过后,中外评审共选出10件设计方案。经过投票,延续了申办会徽"冬"字概念的801号作品在10件入围作品中获得总分第一名,这就是北京冬奥会会徽"冬梦"的原型。机缘巧合的是,作者是北京申办2022年冬奥会会徽的设计者、中央美院设计学院副院长林存真。

担任评委的国际设计协会主席大卫·格罗斯曼表示,评选过程中,每一位评委都很认真,有长时间的探讨,也有不同意见的交锋,"我参与过很多类似的国际评选,但必须说很少有像这次这么严谨的。"

4. 北京冬奥会志愿者

2019年12月5日,第34个国际志愿者日,北京冬奥组委面向全球发布北京2022年冬奥会和冬残奥会赛会志愿者招募公告,赛会志愿者全球招募正式启动。北京冬奥组委计划招募2.7万名冬奥会赛会志愿者,1.2万名冬残奥会赛会志愿者,冬残奥会赛会志愿者主要从冬奥会赛会志愿者中进行保留。

赛会志愿者将分布于北京赛区、延庆赛区、张家口赛区及其他场所、设施等地服务,服务类别包括对外联络服务、竞赛运行服务、媒体运行与转播服务、场馆运行服务等12类。报名申请赛会志愿者的人员应具备5项基本条件:遵守中国法律法规;截至2022年1月,年满18周岁;具备志愿服务所需要的基本知识与技能;能使用汉语或英语进行交流;能提供跨赛时志愿服务等。

2019年5月10日,在北京冬奥会倒计时1000天之际,北京冬奥组委发布《北京2022年冬奥会和冬残奥会志愿服务行动计划》,确定了5个志愿服务项目,包括前期志愿者项目、测试赛志愿者项目、赛会志愿者项目、城市志愿者项目、志愿服务遗产转化项目。

第34个国际志愿者日启动的赛会志愿者全球招募是全部志愿者工作的重中之重。启动仪式上,北京冬奥会和冬残奥会志愿者标志和志愿者歌曲同时推出。

北京冬奥会志愿者标志

北京冬奥组委制定了赛会志愿者通用政策和保障政策,切实引导好、培养好赛会志愿者队伍,健全培训机制,强化实践历练,让志愿者在热情参与、快乐奉献的过程中收获个人成长,取得发展进步。

随着赛会志愿者全球招募网络系统的开通,招募工作将从2019年12月5日起,一直持续到2021年6月30日,赛会志愿者录用工作将于2021年9月30日前全部完成。

5.北京冬奥会的发展规划及理念

北京2022年冬奥会和冬残奥会赛事筹办中提出了《可持续性计划》(全称《北京2022年冬奥会和冬残奥会可持续性计划》),该计划提出了"可持续·向未来"北京冬奥会可持续性愿景,确定了"创造奥运会和地区可持续发展的新典范"总体目标,明确了"环境正影响""区域新发展""生活更美好"三个重要领域,提出了12项行动、37项任务和119条措施。

北京冬奥会可持续性工作将坚持生态优先、资源节约、环境友好,为冬奥会打下美丽中国底色,最大限度利用现有场馆和设施,建设绿色场馆;加强区域生态环境联防联治,切实改善京张地区生态环境质量;积极应对气候变化,努力实现低碳奥运;实施可持续采购,促进绿色低碳循环经济发展,提升环境正影响。

国家速滑馆"冰丝带"效果图

将坚持发挥冬奥会筹办对区域协同发展强有力的牵引作用,推动京冀两地交通、产业和公共服务等协同发展,使冬奥会成为城市和区域发展的催化剂;加快基础设施建设,改善无障碍环境;提高城市管理水平,提升服务保障水平;以冰雪产业、旅游产业发展等为切入点,加快京张地区文化旅游带建设;推进科技成果转化利用,培育新的经济增长点,促进产业互补互促,为区域的长远发展注入新动力,推动区域新发展。

将坚持以人民为中心的发展思想,共同参与,共同尽力,共同享有,使冬奥会产生良好社会效应,顺应人民群众对美好生活的新期待;加快人才培养速度,妥善安置赛区居民,促进冬奥会与人的发展相融合;弘扬奥林匹克精神,推进冰雪运动普及,引导积极、健康、文明的生活方式,切实增强人民群众的获得感和幸福感;弘扬中国文化,提升社会文明程度,促进生活更美好。

《可持续性计划》虽然刚刚发布,但各项措施都已积极实施,并取得了一些积极进展。北京冬奥组委可持续性管理体系已经获得第三方认证。

北京2022年冬奥会国家体育馆扩建部分主体结构施工完成

在环境建设方面,创新制定并实施《绿色雪上运动场馆评价标准》,保护赛区生态环境,推进绿色场馆建设;第一次使用二氧化碳制冷剂,建立跨区域绿电交易机制,实现场馆常规电力消费100%使用可再生能源,减少温室气体排放。

在区域发展方面,京张高铁、京礼高速建成通车,完善了京张地区交通网络;冰雪产业大力发展,带动了京张体育文化旅游带建设;首钢园区实现了转型发展,成为工业企业转型良好的引领示范。

在民生改善方面,推广全民健身和群众性冰雪运动,促进了3亿人参与冰雪运动;赛区周边居民就业结构调整,生活水平得到提高。

国际奥委会副主席萨马兰奇和国际残奥委会主席帕森斯都对《可持续性计划》的发布发来了祝贺视频。萨马兰奇表示,北京冬奥会《可持续性计划》是奥运会历史上最完善的可持续性计划之一,该计划为北京冬奥会的总体可持续性愿景提供了全面的框架,彰显了北京冬奥组委与国家和地区政府携手合作以实现可持续性宏伟目标的努力。帕森斯则借此机会特别赞扬北京冬奥组委及其合作伙伴在可持续性方面发挥的带头作用,努力为奥运会和残奥会创造新典范。

6. 北京举办冬奥引入"PPP模式"

在冬奥项目建设过程中,北京市政府引入的是公私合营模式,即"PPP模式"(Public-Private-Partnership)。此次北京申冬奥财政预算有两个数字:一个是赛事编制预算约为15.6亿美元;另一个是包括竞赛场馆和非竞赛场馆在内的场馆建设预算,约为15.1亿美元。据北京冬奥申委财务及市场开发部官员介绍,在这15.1亿美元当中,有65%来源于社会投资,例如新建的三个奥运村全都是社会投资。在赛事结束后,北京和张家口崇礼的奥运村将作为商品房出售,延庆的奥运村则将成为度假村酒店。

7. 节俭办奥运是当今时代发展主流

节俭办奥运是可持续发展的一项重要内容,是可持续发展理念在赛事筹备和举办过程中的具体表现。从2008年到2018年,北京对节俭办奥运有了更深刻、更全面的认识。举办一届崇尚节俭、厉行节约的冬奥会,这是一个发展起来的大国在举办大型赛事中的应有作为。

对于北京申冬奥预算,有港媒评论认为,与过去举办重要国际赛事时的铺张做法不同,北京为其所申办的2022年冬奥会制定了较少的预算,还不及为2008年夏季奥运会花费的十分之一。国际奥委会针对北京冬奥会财政预算给出了8个字的评价:科学、合理、务实和可信。2022年冬奥会申办城市之一的阿拉木图,其冬奥申委保守估计预算为18.59亿美元;2018韩国平昌冬奥会组委会称,韩国平昌承办冬奥会总开销为90亿美元左右,其中赛事组织运行约为20亿美元,非奥组委花销约70亿美元,涵盖私人投资兴建比赛场馆、基础设施、赛事配套等工程开支,并包括40亿美元的高速铁路修建成本;2014年索契冬奥会的预算,包括基础设施建设费用在内高达510亿美元,为史上之最高,引来外界诸多争议。此前加拿大温哥华举办2010年冬奥会的总支出为18.8亿美元,2006年都灵冬奥会的预算是11亿欧元,2002年盐湖城冬奥会预算为13亿美元。

8. 新冠病毒疫情下的北京冬奥会筹办情况

随着冬奥会临近,冬奥会筹办已经全面进入测试就绪阶段。面临国际疫情持续蔓延,筹办工作任务更重、难度更大。北京市副市长、北京冬奥组委执行副主席张建东在第五次冬奥会协调委员会会议陈述时表示,疫情之下,北京冬奥会的筹办做到了工作没间断、力度没减弱、标准没降低,接下来将及时研判形势,调整策略,加强工作创新,妥善应对风险挑战。

北京冬奥组委推动实现冬奥场馆建设项目在疫情下的创新工作形式,通过视频方式,如期举办世界转播商大会、赞助企业大会、国家(地区)奥委会开放日等重要会议和活动,在线上公开征集奖牌、火炬外观设计方案,国际奥委会、国际残奥委会和北京冬奥组委同步发布了《北京2022年冬奥会和冬残奥会可持续性计划》。

所有竞赛场馆在2020年底前全部完工。自2019年7月协调委员会第四次会议以来,冬奥相关场馆和基础设施建设进展顺利。在北京赛区,国家速滑馆实现了结构封顶和立面完工,首钢滑雪大跳台建成并举办了世界杯比赛,国家游泳中心完成全冰面测试并举办了青少年冰壶公开赛,国家体育馆、首都体育馆等现有场馆改造有序推进。

第十章 北京冬季奥运会

北京冬奥组委与国际奥委会通过电话、视频、电子邮件等方式保持密切联系

在延庆赛区，国家高山滑雪中心竞速赛道建成，达到测试赛要求；国家雪车雪橇中心主体工程完工并完成赛道制冰。在张家口赛区，国家越野滑雪中心、国家冬季两项中心赛道和造雪系统完工，云顶滑雪公园6条赛道全部建成，并举办了单板和自由式滑雪U型池世界杯比赛。

国家高山滑雪中心

在国际疫情蔓延的大背景下，冬奥会筹办工作面临巨大挑战。如新型制冰系统、压雪机、浇冰车等设备器材的生产厂家大多在疫情较严重的国家，生产、运输、入境等受到一定影响，设备安装调试、场地认证等所需的外籍专家、技术人员

近期也难以大批量顺利来华进行现场指导和工作。眼下须克服困难继续加强与国外供货商"一对一"对接,协调有关方面解决好设备进口、专家入境等问题,探索远程指导等方案,完成设备器材安装调试、场地认证等工作,确保所有竞赛场馆年内完工,相关基础设施建设与场馆同步完成。

9. 多策并举筹办测试赛

鉴于疫情形势,冬奥会首场测试赛2019—2020年国际雪联高山滑雪世界杯延庆站比赛取消。

北京冬奥委员会与国际奥委会、国际冬季单项体育联合会视频沟通协商

2020年冬北京冬奥会和冬残奥会按计划将举办多场测试赛,届时会与国家卫生防疫等部门合作,共同制定防控预案和应急计划,做好各项准备,并加强与国际奥委会、国际冬季单项体育联合会沟通协商,探讨各种可能情况,研究制定备用方案,尽可能通过各种方式进行测试。

10. 开闭幕式突出人类命运共同体

在宣传推广和文化活动方面,北京冬奥组委2019年发布北京冬奥会和冬残奥会吉祥物,并举办了冬奥歌曲全球征集、"相约北京"国际艺术节等活动。

疫情发生后,北京冬奥组委将优化调整冬奥会整体宣传计划,围绕场馆建成、测试赛举办、火炬发布等重要筹办节点,策划组织宣传推广和文化活动。加强北京冬奥组委和东京奥组委的交流合作,共同策划宣传推广、文化展示等活动,使东京奥运会和北京冬奥会相得益彰。同时,高水平做好火炬接力工作,精心制定总体计划和专项方案。深化开闭幕式创意方案,突出体现人类命运共同体的全球意识。

志愿者选拔工作

思 考 题

1. 论述北京申办冬奥会的意义。
2. 试述北京冬奥会的目标和理念。
3. 论述北京冬奥会会徽的内涵。

参 考 文 献

[1] 任海.奥林匹克运动[M].北京:人民体育出版社,2005.
[2] 聂东风,王家彬.北京奥运会与奥林匹克运动[M].西安:西北工业大学出版社,2007.
[3] 《北京2022年冬奥会和冬残奥会无障碍指南》发布[EB/OL].(2020-12-01)[2018-09-10].http://www.olympic.cn/news/olympic_comm/2018/0910/183088.html.
[4] 北京冬奥会将在2020年面向全球公开招募志愿者[J].工会博览,2019(5):31.
[5] 陈建.奥运战略与奥运理念的变迁与发展:2008北京奥运会10周年纪念[J].前线,2018(8):96-98.
[6] 北京冬奥会赛区场馆介绍[J].工会博览,2018(20):36.
[7] 孟昊宇.北京2022年冬奥会道路交通安保对策及工作机制研究[J].北京警察学院院报,2019(1):29-34.
[8] 北京冬奥会将打造超低能耗场馆[J].工会博览,2019(20):31.
[9] CFP.中国人的冬奥情结[J].中国经济周刊,2015(30):40-43.
[10] 杨桦.竞技体育与奥运备战重要问题的研究[M].北京:北京体育大学出版社,2006.
[11] 聂东风.大学生与奥林匹克运动讲义[Z].西安:西北工业大学教务处,2003.
[12] 聂东风,李绍成.从申办到筹办:北京奥运会战略指导思想的发展探析 兼论和谐社会大众传媒下北京奥运会的举办[J].科学经济社会,2008(2):126-128.
[13] 吕德忠,江鹏,王键.实施素质教育,提高大学生体育文化素质:对大学体育理论选修课的教改实践[G]//第六届全国体育科学大会论文摘要汇编:一.武汉:中国体育科学学会,2000:410.
[14] 谢雪峰.奥林匹克运动与教育刍议[J].武汉体育学院学报,1998(4):

1-3.

[15] 罗洁萍,凌平.从96亚特兰大奥运会看浙、沪大学生对奥林匹克运动的心态[J].体育与科学,1998(2):21-23.

[16] 裴永杰,聂东风.高校实施奥林匹克运动教育的作用[J].体育文化导刊,2003(19):57-58.

[17] 张建炜,聂东风.论绿色奥运[J].中国学校教育研究,2002(1):32-33.

[18] 马岳良.北京两次申奥的历史性回顾[J].武汉体育学院学报,2003,37(2):15-17.

[19] 蒋禾.坚定不移地走向世界[J].高中生,2010(25):39.

[20] 陈彦.试论奥林匹克运动对构建社会主义和谐社会的影响[J].体育与科学,2005,26(6):33-35.

[21] 陈玉忠.论构建和谐社会与当代中国体育的价值目标[J].体育科学,2005,25(9):20-23.

[22] 贾存斗.百年申奥情[J].经济月刊,2001(8):16-17.

[23] 杨树安.对有特色高水平的北京奥运会的再认识[J].体育文化导刊,2006,25(3):3-4.

[24] 吴东.为北京奥运场馆打造旗舰[N].北京日报,2003-12-25(1).

[25] 唐志荣,苏治.在法制环境下筹办奥运[J].法学杂志,2002,23(1):35-36.

[26] 吴燕波.国际奥委会环保政策对申奥城市评估的影响[J].体育与科学,2001(1):17-19.

[27] 熊斗寅.奥林匹克教育与精神文明建设[J].山东体育学院学报,1997(1):1-5.

[28] 刘东波.我国承办大型体育赛事风险管理机制研究[D].长春:东北师范大学,2010.

[29] 王向东,蔡有志.对北京成功申办2008年奥运会的因素分析[J].北京体育大学学报,2002(5):590-591;604.

[30] 孟红.北京申奥成功历史回眸[J].世纪桥,2008(11):8-14.

[31] 罗时铭.奥运来到中国[M].北京:清华大学出版社,2005.

[32] 孙葆洁.奥林匹克运动[M].北京:大众文艺出版社,2000.

[33] 奥运历史的记忆:历届奥运会场馆回顾 七[J].城建档案,2008(8):18-23.

附　录

附录一　中国夏季奥运会金牌榜

第 23 届奥林匹克运动会
举办城市：美国洛杉矶
中国获金牌：15 枚

许海峰	射击	男子自选手枪慢射个人
周继红	跳水	女子 10 米跳台
李　宁	体操	男子自由体操
		男子鞍马
		男子吊环
楼　云	体操	男子跳马
马燕红	体操	女子高低杠
李玉伟	射击	男子 50 米移动靶标准速
吴小旋	射击	女子小口径标准步枪
曾国强	举重	男子 52 公斤级
吴数德	举重	男子 56 公斤级
陈伟强	举重	男子 60 公斤级
姚景远	举重	男子 67.5 公斤级
栾菊杰	击剑	女子花剑个人
张蓉芳/郎　平/		
朱　玲/杨锡兰/		
周晓兰/梁　艳/		
姜　英/侯玉珠/		
苏惠娟/李延军/		
杨晓君/郑美珠/	排球	女子排球

第 24 届奥林匹克运动会
举办城市:韩国汉城
中国获金牌:5 枚

许艳梅	跳水	女子 10 米跳台
高　敏	跳水	女子 3 米跳板
楼　云	体操	男子跳马
陈龙灿/韦晴光	乒乓球	男子双打
陈　静	乒乓球	女子单打

第 25 届奥林匹克运动会
举办城市:西班牙巴塞罗那
中国获金牌:16 枚

陈跃玲	田径	女子 10 公里竞走
庄　泳	游泳	女子 100 米自由泳
钱　红	游泳	女子 100 米蝶泳
林　莉	游泳	女子 200 米个人混合泳
杨文意	游泳	女子 50 米自由泳
伏明霞	跳水	女子 10 米跳台
高　敏	跳水	女子 3 米跳板
孙淑伟	跳水	男子 10 米跳台
陆　莉	体操	女子高低杠
李小双	体操	男子自由体操
王义夫	射击	男子气手枪
张　山	射击	双向飞碟
庄晓岩	柔道	女子 72 公斤级
邓亚萍/乔　红	乒乓球	女子双打
吕　林/王　涛	乒乓球	男子双打
邓亚萍	乒乓球	女子单打

第 26 届奥林匹克运动会
举办城市:美国亚特兰大
中国获金牌:16 枚

王军霞	田径	女子 5000 米
乐靖宜	游泳	女子 100 米自由泳

伏明霞	跳水	女子10米跳台
伏明霞	跳水	女子3米跳板
熊　倪	跳水	男子3米跳板
唐灵生	举重	男子59公斤级总成绩
占旭刚	举重	男子70公斤级总成绩
李小双	体操	男子个人全能
李对红	射击	女子25米运动手枪
杨　凌	射击	男子10米移动靶
邓亚萍	乒乓球	女子单打
邓亚萍/乔　红	乒乓球	女子双打
孔令辉/刘国梁	乒乓球	男子双打
刘国梁	乒乓球	男子单打
葛　菲/顾　俊	羽毛球	女子双打
孙福明	柔道	女子72公斤以上级

第27届奥林匹克运动会
举办城市：澳大利亚悉尼
中国获金牌：28枚

陶璐娜	射击	女子10米气手枪
蔡亚林	射击	男子10米气步枪
李小鹏/郑李辉/ 黄　旭/杨　威/ 邢傲伟/肖俊峰	体操	男子团体
杨　霞	举重	女子53公斤级
陈晓敏	举重	女子63公斤级
林伟宁	举重	女子69公斤级
张　军/高　凌	羽毛球	混合双打
唐　琳	柔道	女子78公斤级
杨　凌	射击	男子10米移动靶
丁美媛	举重	女子75公斤以上级
占旭刚	举重	男子77公斤级
袁　华	柔道	女子78公斤以上级
王　楠/李　菊	乒乓球	女子双打
龚智超	羽毛球	女子单打

葛 菲/顾 俊	羽毛球	女子双打
吉新鹏	羽毛球	男子单打
王励勤/阎 森	乒乓球	男子双打
王 楠	乒乓球	女子单打
刘 璇	体操	女子平衡木
李小鹏	体操	男子双杠
孔令辉	乒乓球	男子单打
熊 倪	跳水	男子3米跳板
李 娜/桑 雪	跳水	女子双人10米跳台
王丽萍	田径	女子20公里竞走
熊 倪/肖海亮	跳水	男子双人3米跳板
伏明霞	跳水	女子3米跳板
陈 中	跆拳道	女子67公斤以上级
田 亮	跳水	男子10米跳台

第28届奥林匹克运动会
举办城市：希腊雅典
中国获金牌：32枚

杜 丽	射击	女子10米气步枪
王义夫	射击	男子10米气手枪
郭晶晶/吴敏霞	跳水	女子双人3米跳板
田 亮/杨景辉	跳水	男子双人10米跳台
冼东妹	柔道	女子52公斤级
朱启南	射击	男子10米气步枪
陈艳青	举重	女子58公斤级
罗雪娟	游泳	女子蛙泳100米
石智勇	举重	男子62公斤级
劳丽诗/李 婷	跳水	女子双人10米跳台
张国政	举重	男子69公斤级
张 宁	羽毛球	女子单打
刘春红	举重	女子69公斤级
张 军/高 凌	羽毛球	混合双打
王 楠/张怡宁	乒乓球	女子双打
马 琳/陈 玘	乒乓球	男子双打

杨 维/张洁雯	羽毛球	女子双打
唐功红	举重	女子75公斤以上级
贾占波	射击	男子50米步枪3×40
张怡宁	乒乓球	女子单打
李 婷/孙甜甜	网球	女子双打
滕海滨	体操	男子鞍马
王 旭	摔跤	女子72公斤级
彭 勃	跳水	男子3米跳板
郭晶晶	跳水	女子3米跳板
刘 翔	田径	男子110米栏
邢慧娜	田径	女子10 000米
孟关良/杨文军	皮划艇	男子双人划艇500米
胡 佳	跳水	男子10米跳台
罗 微	跆拳道	女子67公斤级
冯 坤/杨 昊/刘亚男/李 珊/周苏红/赵蕊蕊/张越红/陈 静/宋妮娜/王丽娜/张 娜/张 萍	排球	女子排球
陈 中	跆拳道	女子67公斤以上级

第29届奥林匹克运动会
举办城市:中国北京
中国获金牌:51枚

陈燮霞	举重	女子48公斤级
庞 伟	射击	男子10米气手枪
郭文珺	射击	女子10米气手枪
郭晶晶/吴敏霞	跳水	女子双人3米跳板
冼东妹	柔道	男子52公斤级
龙清泉	举重	男子56公斤级
林 跃/火 亮	跳水	男子双人10米跳台
陈艳青	举重	女子58公斤级
张湘祥	举重	男子62公斤级

杨　威/黄　旭/		
李小鹏/肖　钦/		
陈一冰/邹　凯	体操	男子团体
王　鑫/陈若琳	跳水	女子双人 10 米跳台
仲　满	击剑	男子佩剑个人
廖　辉	举重	男子 69 公斤级
杨伊琳/程　菲/		
邓琳琳/江钰源/		
何可欣/李珊珊	体操	女子团体
陈　颖	射击	女子 25 米运动手枪
王　峰/秦　凯	跳水	男子双人 3 米跳板
刘春红	举重	女子 69 公斤级
刘子歌	游泳	女子 200 米蝶泳
杜　丽	射击	女子 50 米步枪三种姿势
杨　威	体操	男子个人全能
张娟娟	射箭	女子个人赛
杨秀丽	柔道	女子 78 公斤级
曹　磊	举重	女子 75 公斤级
佟　文	柔道	女子 78 公斤以上级
陆　永	举重	男子 85 公斤级
杜　婧/于　洋	羽毛球	女子双打
张　宁	羽毛球	女子单打
邱　健	射击	男子 50 米步枪三种姿势
唐　宾/金紫薇/		
奚爱华/张杨杨	赛艇	女子四人双桨
王　娇	摔跤	女子自由式 72 公斤级
邹　凯	体操	男子自由体操
肖　钦	体操	男子鞍马
张怡宁/王　楠/		
郭　跃	乒乓球	女子团体
林　丹	羽毛球	男子单打
郭晶晶	跳水	女子 3 米跳板
陈一冰	体操	男子吊环
何可欣	体操	女子高低杠

何雯娜	蹦床	女子个人赛
王励勤/王　皓/马　琳	乒乓球	男子团体
李小鹏	体操	男子双杠
邹　凯	体操	男子单杠
陆春龙	蹦床	男子个人赛
何　冲	跳水	男子3米跳板
殷　剑	帆船	女子RS:X级（尼尔板）
吴静钰	跆拳道	女子49公斤级
陈若琳	跳水	女子10米跳台
张怡宁	乒乓球	女子单打
孟关良/杨文军	皮划艇	男子双人划艇500米
马　琳	乒乓球	男子单打
邹市明	拳击	男子48公斤级
张小平	拳击	男子81公斤级

第30届奥林匹克运动会
举办城市：英国伦敦
中国获金牌：38枚

易思玲	射击	女子10米气步枪
王明娟	举重	女子48公斤级
孙　杨	游泳	男子400米自由泳
叶诗文	游泳	女子400米个人混合泳
郭文珺	射击	女子10米气手枪
何　姿/吴敏霞	跳水	女子双人3米跳板
曹　缘/张雁全	跳水	男子双人10米跳台
李雪英	举重	女子58公斤级
陈一冰/冯　喆/郭伟阳/张成龙/邹　凯	竞技体操	男子团体
陈若琳/汪　皓	跳水	女子双人10米跳台
雷　声	击剑	男子花剑个人
叶诗文	游泳	女子200米个人混合泳
林清峰	举重	男子69公斤级

附 录

罗玉通/秦 凯	跳水	男子双人 3 米跳板
李晓霞	乒乓球	女子单打
吕小军	举重	男子 77 公斤级
焦刘洋	游泳	女子 200 米蝶泳
张继科	乒乓球	男子单打
董 栋	蹦床	男子个人赛
张 楠/赵芸蕾	羽毛球	混合双打
李雪芮	羽毛球	女子单打
赵芸蕾/田 卿	羽毛球	女子双打
陈 定	田径	男子 20 公里竞走
孙 杨	游泳	男子 1500 米自由泳
李 娜/骆晓娟/孙玉洁/许安琪	击剑	女子重剑团体
林 丹	羽毛球	男子单打
邹 凯	竞技体操	男子自由体操
蔡 赟/傅海峰	羽毛球	男子双打
周璐璐	举重	女子 75 公斤级
吴敏霞	跳水	女子 3 米跳板
徐莉佳	帆船	激光雷迪尔级女子单人艇
冯 喆	竞技体操	男子双杠
邓琳琳	竞技体操	女子平衡木
丁 宁/郭 跃/李晓霞	乒乓球	女子团体
马 龙/王 皓/张继科	乒乓球	男子团体
吴静钰	跆拳道	女子 49 公斤级
陈若琳	跳水	女子 10 米跳台
邹市明	拳击	男子 49 公斤级

第 31 届奥林匹克运动会
举办城市:巴西里约热内卢
中国获金牌:26 枚

| 张梦雪 | 射击 | 女子 10 米气手枪 |
| 吴敏霞/施廷懋 | 跳水 | 女子双人 3 米跳板 |

龙清泉	举重	男子56公斤级
林 跃/陈艾森	跳水	男子双人10米跳台
孙 杨	游泳	男子200米自由泳
邓 薇	举重	女子63公斤级
陈若琳/刘蕙瑕	跳水	女子双人10米跳台
石智勇	举重	男子69公斤级
向艳梅	举重	女子69公斤级
丁 宁	乒乓球	女子单打
马 龙	乒乓球	男子单打
王 镇	田径	男子20公里竞走
钟天使/宫金杰	场地自行车	女子团体竞速赛
施廷懋	跳水	女子3米跳板
孟苏平	举重	女子75公斤以上级
曹 缘	跳水	男子3米跳板
李晓霞/丁 宁/ 刘诗雯	乒乓球	女子团体
马 龙/张继科/ 许 昕	乒乓球	男子团体
赵 帅	跆拳道	男子58公斤级
任 茜	跳水	女子10米跳台
傅海峰/张 楠	羽毛球	男子双打
刘 虹	田径	女子20公里竞走
谌 龙	羽毛球	男子单打
陈艾森	跳水	男子10米跳台
郑姝音	跆拳道	女子67公斤以上级
朱 婷/张常宁/ 刘晓彤/惠若琪/ 刘晏含/王云蕗/ 袁心玥/徐云丽/ 张晓雅/颜 妮/ 郑益昕/杨方旭/ 龚翔宇/曾春蕾/ 沈静思/魏秋月/ 丁 霞/林 莉/ 王梦洁/陈 展	排球	女子排球

附录二 中国奥林匹克委员会章程

第一章 总则

第一条 "中国奥林匹克委员会"简称"中国奥委会"。英文名称为：Chinese Olympic Committee，缩写为 COC。

第二条 中国奥委会是中华人民共和国具有法人资格的、以发展体育和推动奥林匹克运动为任务的全国性、非营利性体育组织。在与国际奥林匹克委员会和亚洲奥林匹克理事会等国际体育组织及各国家/地区奥委会的关系中，唯有中国奥委会有权代表中国的奥林匹克运动。

第三条 中国奥委会的宗旨是在中国弘扬奥林匹克主义和奥林匹克价值观，推动奥林匹克运动和中国体育事业的发展，通过体育促进构建和谐社会；遵守国家法律和有关政策，遵守社会道德规范。

第四条 根据国际奥林匹克委员会《奥林匹克宪章》规定，中国奥委会依据非营利的原则，享有在中国举办的与奥林匹克运动会和奥林匹克运动有关的活动中使用奥林匹克名称、标志、旗、格言、徽记和会歌的权利，并有在中国领土上保护上述奥林匹克名称、标志、旗、格言、徽记和会歌不受非法使用的责任与义务。

第五条 中国奥委会接受国家体育总局和民政部的业务指导和监督管理。

第六条 中国奥委会地址：北京市东城区体育馆路2号；邮编：100763。

第二章 业务范围

第七条 中国奥委会的业务范围：

（一）依据《奥林匹克宪章》，在全国范围内发展和维护奥林匹克运动，宣传奥林匹克主义的基本原则，保证《奥林匹克宪章》在中国得到遵守。

（二）促进竞技体育和群众体育的协调发展，鼓励和支持妇女全面参与体育事业。

（三）全权代表中国参加地区、洲级和国际综合性体育赛事，包括冬、夏季奥林匹克运动会，冬、夏季亚洲运动会和东亚运动会以及其他与奥林匹克运动有关的活动。在有关全国单项体育协会的配合下，选拔运动员组成中国体育代表团参赛，并提供必要的费用和体育装备。

（四）在中国选定有条件申办和举办奥林匹克运动会、亚洲运动会或东亚运动会等国际综合性体育赛事的城市。

（五）协助其他全国性体育组织举办全国综合性的比赛活动。

（六）反对体育运动中任何形式的歧视和暴力，禁止使用国际奥林匹克委员会、世界反兴奋剂机构和国际单项体育联合会公布的禁用药物和方法。

第三章　委员

第八条　中国奥委会实行单位代表和个人代表相结合的委员制。中国奥委会委员由下列人员组成：

（一）奥林匹克运动会项目的全国单项体育协会代表；

（二）部分非奥林匹克运动会项目的全国单项体育协会代表；

（三）国际奥林匹克委员会的中国委员；

（四）运动员代表；

（五）体育界及社会各界代表。

第九条　中国奥委会的委员必须具备下列条件：

（一）拥护中国奥委会的章程；

（二）有加入中国奥委会的意愿，热爱奥林匹克运动，愿意为促进奥林匹克运动在中国的发展贡献力量；

（三）在中国奥委会的业务范围内具有一定的影响；

（四）身体健康，能坚持正常工作；

（五）未受过剥夺政治权利的刑事处罚；

（六）具有完全民事行为能力。

第十条　委员入会的程序：

（一）提交入会申请书；

（二）经中国奥委会执行委员会审议并提交全体委员大会通过；

（三）由中国奥委会秘书处发给委员证。

第十一条　委员享有下列权利：

（一）中国奥委会的选举权、被选举权和表决权；

（二）参加中国奥委会的活动；

（三）获得中国奥委会服务的优先权；

（四）对中国奥委会工作的建议权和监督权；

（五）选举执行委员会和常务执委会；

（六）听取和审议中国奥委会工作报告；

（七）提出修改《中国奥委会章程》的意见和建议；

（八）讨论中国发展奥林匹克运动和中国参加奥林匹克运动会、亚洲运动会和东亚运动会等国际综合性体育赛事等相关事宜；

（九）退会自由。

第十二条　委员履行下列义务：

(一) 执行中国奥委会的决议；
(二) 维护中国奥委会的合法权益；
(三) 完成中国奥委会交办的工作；
(四) 按规定交纳会费；
(五) 向中国奥委会反映情况，提供有关资料。

第十三条 委员退会应书面通知中国奥委会。

委员如连续2年无故不交纳会费或不参加中国奥委会活动的，视为自动退会。

第十四条 委员如有严重违反《中国奥委会章程》的行为，经执行委员会审议并提交全体委员大会表决通过予以除名。

第四章 组织机构和负责人产生、罢免

第十五条 中国奥委会的最高权力机构是全体委员大会，其职责是：
(一) 制定和修改章程；
(二) 选举和罢免主席、副主席、秘书长、执委、常务执委、司库及委员；
(三) 审议中国奥委会及其下设机构的工作报告和财务报告；
(四) 决定终止事宜；
(五) 决定其他重大事宜。

第十六条 全体委员大会须有2/3以上的委员代表出席方能召开，其决议须经到会委员代表半数以上表决通过方能生效。如票数相等，由主席裁决。

第十七条 全体委员会每届任期为5年。因特殊情况需提前或延期换届的，须由全体委员大会表决通过，报业务主管单位审查并经社团登记管理机关批准同意。但延期换届最长不超过1年。

第十八条 全体委员大会每年召开一次，必要时可召集特别全体委员大会。

第十九条 全体委员大会选举主席1人、副主席若干人、秘书长1人、副秘书长若干人、司库1人及委员若干人组成执行委员会，在闭会期间主持领导中国奥委会开展日常工作。

国际奥林匹克委员会的中国委员是中国奥委会的当然执委。

第二十条 执行委员会的职权是：
(一)执行全体委员大会的决议；
(二)筹备召开全体委员大会；
(三)向全体委员大会报告工作和财务状况；
(四)向全体委员大会建议委员的吸收或除名；
(五)决定设立办事机构、分支机构、代表机构和实体机构；
(六)决定各下设机构主要负责人的聘任；

（七）领导各下设机构开展工作；

（八）制定内部管理制度；

（九）决定其他重大事项。

第二十一条 执行委员会每年至少召开一次会议；情况特殊的，也可采用通信方式召开。

第二十二条 执行委员会会议须有2/3以上执委出席方能召开，其决议须经到会执委2/3以上表决通过方能生效。

第二十三条 常务执委会为执行委员会的执行机构，对执行委员会负责，在执行委员会闭会期间行使执行委员会职能。常务执委会委员从执委中产生，采取等额选举的方式，由全体委员大会表决通过；每年改选一次。

常务执委会会议须有2/3以上常务执委出席方能召开，其决议须经到会常务执委2/3以上表决通过方能生效。

常务执委会至少半年召开一次会议，情况特殊的也可采用通信形式召开。

第二十四条 中国奥委会主席、副主席、秘书长最高任职年龄不超过70周岁，任期5年（任期最长不得超过两届）。因特殊情况需延长任期的，须经出席全体委员大会的委员2/3以上表决通过，报业务主管单位审查，并经过社团登记管理机关批准同意后方可任职。

第二十五条 中国奥委会主席、副主席、秘书长如超过最高任职年龄的，须经全体委员大会表决通过，报业务主管单位审查并由社团登记管理机关批准同意后，方可任职。

第二十六条 中国奥委会主席行使下列职权：

（一）召集和主持执行委员会会议及常务执委会会议；

（二）检查全体委员大会、执行委员会和常务执委会决议的落实情况；

（三）代表中国奥委会签署有关重要文件；

（四）授权副主席或秘书长代表中国奥委会签署有关重要文件。

第二十七条 中国奥委会秘书长为中国奥委会法定代表人。中国奥委会法定代表人为专职，不得兼任其他社会团体的法定代表人。

第二十八条 中国奥委会秘书长行使下列职权：

（一）主持办事机构开展日常工作，组织实施年度工作计划；

（二）协调各分支机构、代表机构、实体机构开展工作；

（三）提名各办事机构、分支机构、代表机构和实体机构主要负责人，交执行委员会决定；

（四）决定办事机构、代表机构、实体机构专职工作人员的聘用；

（五）处理其他日常事务。

第二十九条 根据工作需要,中国奥委会下设若干个相应的办事机构和分支机构,在秘书长领导下开展工作。

第五章 资产管理、使用原则

第三十条 中国奥委会经费来源:

(一)政府资助;

(二)社会赞助;

(三)捐赠;

(四)会费;

(五)其他合法收入;

(六)利息;

(七)在核准的业务范围内开展活动或服务的收入。

第三十一条 中国奥委会按照国家有关规定收取委员会费。

第三十二条 中国奥委会经费必须用于《中国奥委会章程》规定的业务范围和事业发展,不得在委员中分配。

第三十三条 中国奥委会建立严格的财务管理制度,保证会计资料合法、真实、准确、完整。

第三十四条 中国奥委会配备具有专业资格的会计人员。会计不得兼任出纳。会计人员必须进行会计核算,实行会计监督。会计人员调动工作或离职时,必须与接管人员办清交接手续。

第三十五条 中国奥委会的资产管理必须执行国家规定的财务管理制度,接受全体委员大会和财政部门的监督。资产来源属于国家拨款或者社会捐赠、资助的,必须接受审计机关的监督,并将有关情况以适当方式向社会公布。

第三十六条 中国奥委会换届或更换法定代表人之前必须接受社团登记管理机关和业务主管单位组织的财务审计。

第三十七条 任何单位、个人不得侵占、私分或挪用中国奥委会的资产。

第三十八条 中国奥委会专职工作人员的工资和保险、福利待遇,参照国家对事业单位的有关规定执行。

第六章 章程的修改

第三十九条 《中国奥委会章程》的修改,须经执行委员会表决通过后报全体委员大会审议通过。

第四十条 修改后的《中国奥委会章程》,须在全体委员大会通过后15日内,经业务主管单位审查同意,并报社团登记管理机关核准后生效。

第七章 终止程序及终止后的财产处理

第四十一条 中国奥委会完成宗旨或自行解散或由于分立、合并等原因需要注销的,由执行委员会提出终止动议。

第四十二条　中国奥委会终止动议须经全体委员大会表决通过,并报业务主管单位审查同意。

第四十三条　中国奥委会终止前,须在业务主管单位及国家有关部门的指导下成立清算组织,清理债权债务,处理善后事宜。清算期间,不开展清算以外的活动。

第四十四条　中国奥委会经社团登记管理机关办理注销登记手续后即为终止。

第四十五条　中国奥委会终止后的剩余财产,在业务主管单位和社团登记管理机关的监督下,按照国家有关规定,用于发展与中国奥委会宗旨相关的事业。

第八章　附则

第四十六条　《中国奥委会章程》经2009年5月22日全体委员大会表决通过。

第四十七条　《中国奥委会章程》的解释权属于中国奥委会的全体委员大会。

第四十八条　《中国奥委会章程》自社团登记管理机关核准之日起生效。

附录三　奥林匹克标志保护条例

(2002年2月4日中华人民共和国国务院令第345号公布　2018年6月28日中华人民共和国国务院令第699号修订)

第一条　为了加强对奥林匹克标志的保护,保障奥林匹克标志权利人的合法权益,促进奥林匹克运动发展,制定本条例。

第二条　本条例所称奥林匹克标志,是指:

(一)国际奥林匹克委员会的奥林匹克五环图案标志、奥林匹克旗、奥林匹克格言、奥林匹克徽记、奥林匹克会歌;

(二)奥林匹克、奥林匹亚、奥林匹克运动会及其简称等专有名称;

(三)中国奥林匹克委员会的名称、徽记、标志;

(四)中国境内申请承办奥林匹克运动会的机构的名称、徽记、标志;

(五)在中国境内举办的奥林匹克运动会的名称及其简称、吉祥物、会歌、火炬造型、口号、"主办城市名称+举办年份"等标志,以及其组织机构的名称、徽记；

（六）《奥林匹克宪章》和相关奥林匹克运动会主办城市合同中规定的其他与在中国境内举办的奥林匹克运动会有关的标志。

第三条　本条例所称奥林匹克标志权利人，是指国际奥林匹克委员会、中国奥林匹克委员会和中国境内申请承办奥林匹克运动会的机构、在中国境内举办的奥林匹克运动会的组织机构。

国际奥林匹克委员会、中国奥林匹克委员会和中国境内申请承办奥林匹克运动会的机构、在中国境内举办的奥林匹克运动会的组织机构之间的权利划分，依照《奥林匹克宪章》和相关奥林匹克运动会主办城市合同确定。

第四条　奥林匹克标志权利人依照本条例对奥林匹克标志享有专有权。

未经奥林匹克标志权利人许可，任何人不得为商业目的使用奥林匹克标志。

第五条　本条例所称为商业目的使用，是指以营利为目的，以下列方式利用奥林匹克标志：

（一）将奥林匹克标志用于商品、商品包装或者容器以及商品交易文书上；

（二）将奥林匹克标志用于服务项目中；

（三）将奥林匹克标志用于广告宣传、商业展览、营业性演出以及其他商业活动中；

（四）销售、进口、出口含有奥林匹克标志的商品；

（五）制造或者销售奥林匹克标志；

（六）其他以营利为目的利用奥林匹克标志的行为。

第六条　除本条例第五条规定外，利用与奥林匹克运动有关的元素开展活动，足以引人误认为与奥林匹克标志权利人之间有赞助或者其他支持关系，构成不正当竞争行为的，依照《中华人民共和国反不正当竞争法》处理。

第七条　国务院市场监督管理部门、知识产权主管部门依据本条例的规定，负责全国的奥林匹克标志保护工作。

县级以上地方市场监督管理部门依据本条例的规定，负责本行政区域内的奥林匹克标志保护工作。

第八条　奥林匹克标志权利人应当将奥林匹克标志提交国务院知识产权主管部门，由国务院知识产权主管部门公告。

第九条　奥林匹克标志有效期为10年，自公告之日起计算。

奥林匹克标志权利人可以在有效期满前12个月内办理续展手续，每次续展的有效期为10年，自该奥林匹克标志上一届有效期满次日起计算。国务院知识产权主管部门应当对续展的奥林匹克标志予以公告。

第十条　取得奥林匹克标志权利人许可,为商业目的使用奥林匹克标志的,应当同奥林匹克标志权利人订立使用许可合同。奥林匹克标志权利人应当将其许可使用奥林匹克标志的种类、被许可人、许可使用的商品或者服务项目、时限、地域范围等信息及时披露。

被许可人应当在使用许可合同约定的奥林匹克标志种类、许可使用的商品或者服务项目、时限、地域范围内使用奥林匹克标志。

第十一条　本条例施行前已经依法使用奥林匹克标志的,可以在原有范围内继续使用。

第十二条　未经奥林匹克标志权利人许可,为商业目的擅自使用奥林匹克标志,或者使用足以引人误认的近似标志,即侵犯奥林匹克标志专有权,引起纠纷的,由当事人协商解决;不愿协商或者协商不成的,奥林匹克标志权利人或者利害关系人可以向人民法院提起诉讼,也可以请求市场监督管理部门处理。市场监督管理部门处理时,认定侵权行为成立的,责令立即停止侵权行为,没收、销毁侵权商品和主要用于制造侵权商品或者为商业目的擅自制造奥林匹克标志的工具。违法经营额5万元以上的,可以并处违法经营额5倍以下的罚款,没有违法经营额或者违法经营额不足5万元的,可以并处25万元以下的罚款。当事人对处理决定不服的,可以依照《中华人民共和国行政复议法》申请行政复议,也可以直接依照《中华人民共和国行政诉讼法》向人民法院提起诉讼。进行处理的市场监督管理部门应当事人的请求,可以就侵犯奥林匹克标志专有权的赔偿数额进行调解;调解不成的,当事人可以依照《中华人民共和国民事诉讼法》向人民法院提起诉讼。

利用奥林匹克标志进行诈骗等活动,构成犯罪的,依法追究刑事责任。

第十三条　对侵犯奥林匹克标志专有权的行为,市场监督管理部门有权依法查处。

市场监督管理部门根据已经取得的违法嫌疑证据或者举报,对涉嫌侵犯奥林匹克标志专有权的行为进行查处时,可以行使下列职权:

(一)询问有关当事人,调查与侵犯奥林匹克标志专有权有关的情况;

(二)查阅、复制与侵权活动有关的合同、发票、账簿以及其他有关资料;

(三)对当事人涉嫌侵犯奥林匹克标志专有权活动的场所实施现场检查;

(四)检查与侵权活动有关的物品,对有证据证明是侵犯奥林匹克标志专有权的物品,予以查封或者扣押。

市场监督管理部门依法行使前款规定的职权时,当事人应当予以协助、配合,不得拒绝、阻挠。

第十四条 进出口货物涉嫌侵犯奥林匹克标志专有权的,由海关参照《中华人民共和国海关法》和《中华人民共和国知识产权海关保护条例》规定的权限和程序查处。

第十五条 侵犯奥林匹克标志专有权的赔偿数额,按照权利人因被侵权所受到的损失或者侵权人因侵权所获得的利益确定,包括为制止侵权行为所支付的合理开支;被侵权人的损失或者侵权人获得的利益难以确定的,参照该奥林匹克标志许可使用费合理确定。

销售不知道是侵犯奥林匹克标志专有权的商品,能证明该商品是自己合法取得并说明提供者的,不承担赔偿责任。

第十六条 奥林匹克标志除依照本条例受到保护外,还可以依照《中华人民共和国著作权法》《中华人民共和国商标法》《中华人民共和国专利法》《特殊标志管理条例》等法律、行政法规的规定获得保护。

第十七条 对残奥会有关标志的保护,参照本条例执行。

第十八条 本条例自 2018 年 7 月 31 日起施行。

附录四 北京市教育委员会 北京市体育局 北京冬奥组委新闻宣传部 关于实施北京 2022 年冬奥会和冬残奥会北京市中小学生奥林匹克教育计划的意见

京教体艺〔2018〕15 号

各区教委、体育局:

为传播奥林匹克文化,弘扬奥林匹克精神,强化体育育人的功能,促进学生身心健康全面发展,根据《教育部 国家体育总局 北京冬奥组委关于印发〈北京 2022 年冬奥会和冬残奥会中小学生奥林匹克教育计划〉的通知》(教体艺〔2018〕1 号)和《北京市人民政府关于加快冰雪运动发展的意见(2016—2022 年)》(京政发〔2016〕12 号),借鉴北京 2008 奥林匹克教育经验和成果,现就实施 2022 年冬奥会和冬残奥会北京中小学生奥林匹克教育计划工作提出如下意见:

一、指导思想

以习近平新时代中国特色社会主义思想为指导,全面贯彻立德树人根本任务,紧密围绕"创新、协调、绿色、开放、共享"的发展理念,主动遵循"绿色办奥、共享办奥、开放办奥、廉洁办奥"的工作方针,积极响应《国家中长期教育改革和发展规划纲要(2010—2020年)》《"健康中国2030"规划纲要》以及《京津冀协同发展规划纲要》要求,将奥林匹克教育与深化教育领域综合改革相结合,与提升学生核心素养相结合,与北京城市功能定位相结合,以弘扬奥运精神为主题,以传播奥运文化为内容,以学习冬奥知识为重点,以体育活动、文化交流为载体,开展形式多样、生动活泼的奥林匹克教育,带动广大学生热爱奥运、参与奥运、支持奥运,激发他们的体育运动兴趣,引导他们养成健康生活习惯,助力全面健康成长。

二、基本原则

(一)坚持育人为本。坚持面向全体中小学生,坚持与社会主义核心价值观教育相结合,与学校德育工作相结合,与学校体育改革相适应,形成具有北京特色的奥林匹克教育实践模式,促进中小学生的全面健康发展。

(二)坚持因地制宜。立足北京实际和区域优势,根据冬季体育运动项目特点,积极挖掘、创新探索适合本区域和本学校发展、主题突出、特色鲜明的冬季运动项目。

(三)坚持统筹协调。积极调动社会各方力量,科学整合优质资源,形成奥林匹克教育的强大合力,营造全社会共同关注和支持中小学生冬季运动发展的良好局面。

(四)坚持开放融合。加强冬季运动项目的国际交流与合作,促进师资培训、比赛活动和文化交流,推动冬季运动项目的普及,培育学生国际意识、开阔视野。

三、工作目标

通过推广和普及奥林匹克和冬季运动,促进奥林匹克运动和奥林匹克精神在校园的普及发展,夯实中小学生冬季运动基础,提高学生身心健康水平。逐步将冬奥会项目和竞赛知识纳入学校体育教学实践,培养冬季运动项目师资,推广形式多样的教育教学示范成果,建设冬季奥林匹克教育以及冰雪运动的示范学校和特色学校,打造北京市学生广泛参与的冬季运动品牌,为奥林匹克教育不断积累遗产。促进中小学生奥林匹克精神的国际交融,引导他们树立奥运会东道主意识和人类命运共同体意识,展现中国学生热爱和平、友好热情的精神风貌。

四、主要任务

2022年冬奥会和冬残奥会北京市中小学生奥林匹克教育计划包括九大计划:

(一)冬季奥林匹克教育普及计划

全市中小学要将冬季奥林匹克教育纳入学校教育教学,通过体育课、体育活动、地方课程、校本课程、综合实践活动等方式,开展奥林匹克主题教育,平均每月不少于3课时。

有条件的学校要将奥林匹克知识及冬季运动项目内容纳入体育课程教学,

安排冰雪项目运动课程。鼓励学校通过购买社会服务的方式，与滑雪场、滑冰场、冰雪运动俱乐部、冰雪培训机构及其他相关社会机构合作开设冬季运动课程，提高冬季运动教学质量。鼓励学生积极参与冬季健身运动，熟练掌握一至两项冬季运动技能。

在特教学校开设冰蹴球、模拟冰壶、雪鞋走、轮滑等适合残疾学生的冰雪或仿冰、仿雪运动项目课程。鼓励有条件的幼儿园广泛开展奥林匹克主题教育活动，普及奥林匹克知识及冬季运动项目。

(二)冬季奥林匹克教育文化计划

1.开展北京市百万青少年"迎冬奥"系列普及推广活动

面向全体学生，开展冰雪运动进校园系列活动。组建奥运冠军宣讲团，在校园内开展冬奥知识宣讲，开设冬季运动体验课、奥林匹克教育大课堂、冬季奥林匹克教育周、冬季奥林匹克教育日、冬季奥林匹克教育主题班(队)会、冬令营等多种主题教育活动，以及以"冬奥"为主题的英语大赛、知识竞赛等活动。组织中小学生参观奥运博物馆等文化遗产。

2.举办以"冬奥"为主题的艺术、科技系列活动

鼓励把优秀民族传统文化与"冬奥"文化相结合，开展以"冬奥"文化为创作素材的"音乐节""合唱节""舞蹈节""戏剧节"等艺术活动，以及以"冬奥"文化为主题的"科学营""科技节""科技大赛"等科技活动。命名一批高等学校及中小学的文化艺术场馆为"北京奥林匹克教育计划艺术基地"，为开展各类艺术活动提供场地保障。以"冬奥"为主题，组织开展中小学生征文、绘画、摄影等活动。

3.举办以"冬奥"为主题的创新性主题活动

鼓励各学校自主研发各种以冰雪运动项目及冬奥会和冬残奥会为主题的创新性主题教育活动，如桌上冰壶、滑草、旱地冰球、旱地越野滑雪、模拟冬奥会、模拟开幕式、模拟火炬传递活动等。倡导幼儿园积极参与"冬奥"主题文化活动，宣传奥林匹克文化，传播奥林匹克精神，推广冬季运动项目。

(三)冬季奥林匹克教育赛事活动计划

支持政府部门联合社会力量，统筹资源，形成合力，举办北京市中小学生冬季运动会、北京市中小学生冰球校际联赛、花样滑冰比赛、滑雪比赛、冰壶比赛等高水平市级赛事活动，带动各区、各学校广泛开展冬季运动竞赛活动，鼓励有条件的区及学校建立常态化校园冬季运动竞赛机制，举办冬季运动会或冬季体育节。

(四)冬季奥林匹克教育特色学校建设计划

在2021年前，分批次建设200所"北京2022冬季奥林匹克教育示范学校"；建设200所"北京市冰雪运动特色学校"，在北京学生金奥运动队承办学校和市级体育传统项目中，增设冰雪运动项目。充分发挥示范学校、特色学校及高水平

运动队的示范引领作用,辐射周边,资源共享,构建有普及、有提高的人才培养长效机制。

（五）冬季奥林匹克教育国内外交流计划

通过举办形式多样的中小学生冰雪文化活动,加强北京市与天津、河北以及冬季项目优势地区间的交流。

设立北京2022年冬奥会和冬残奥会"同心结"学校,与参加过冬季奥林匹克运动会的城市的学校进行结对联系。在冬奥会期间,组织学生代表参加结对国家或地区运动员奥运村升旗仪式、现场观赛等活动。举办以各国家初中学段学生为主体的奥林匹克青年营。

（六）冬季奥林匹克教育教师提升计划

以滑冰、滑雪、冰球等重点项目为突破口,面向全市体育教师分层、分批开展技能培训及教学教法、裁判法、单项规则及学生保护法等培训。同时,研究制定《北京市冰雪运动校园辅导员任职条件和培训大纲》,扩大全市冰雪运动的教练资源,提高学校冬季项目的师资水平,丰富教师课堂的教育教学内容。

（七）冬季奥林匹克教育志愿服务计划

开展冬奥会和冬残奥会开幕式表演及赛事服务志愿者招募和培训工作。组织大中小学生积极参与北京2022年冬奥会和冬残奥会征集吉祥物、火炬、口号等文化宣传活动以及火炬传递、倒计时、开闭幕式等重要节点文化活动。

（八）冬季奥林匹克教育课程研发计划

为配合学校实施冬季奥林匹克教育,北京冬奥组委将组织编辑和出版《北京市中小学生冰雪运动项目教学指南》、中小学生《奥林匹克知识读本》、冬季体育运动知识挂图、北京冬季奥运会和北京冬季残奥会项目介绍手册以及配套光盘等。为配合学校实施冬季奥林匹克教育,鼓励各区、各学校开发地方课程和校本课程。

（九）冬季奥林匹克教育传承计划

组织高等院校专家开展冬季奥林匹克教育研究工作,召开冬季奥林匹克教育国际论坛,推出高质量的研究成果,在指导冬季奥林匹克教育工作的同时,形成具有中国特色的冬季奥林匹克教育遗产。

五、组织领导

成立"北京2022"北京市中小学生奥林匹克教育工作小组,指导全市开展冬季奥林匹克教育工作。工作小组由市教委、市体育局、北京冬奥组委新闻宣传部组成,负责奥林匹克教育工作的统筹规划和宏观管理,组织、指导全市中小学校落实奥林匹克教育工作,定期督促各项工作的落实并予以通报。

"北京2022"北京市中小学生奥林匹克教育工作小组下设办公室,负责日常工作。办公室设在市教委,由体育卫生与艺术教育处、基础教育一处、基础教育二处、学前教育处、国际合作与交流处、职业教育与成人教育处、人事处、财务处、宣教处等相关处室共同组成，相互配合开展工作。秘书处设在首都体育学院。

六、工作步骤

工作分为四个阶段：

（一）筹备阶段（2018年初至2019年底）

制订发布奥林匹克教育计划实施意见，建立协调工作机制，重点推动奥林匹克教育纳入教学活动，开展知识宣传普及，举办各类以"冬奥"为主题的"音乐节""合唱节""舞蹈节""戏剧节"等艺术活动。

（二）测试赛阶段（2020年初至2021年底）

督促各区落实计划任务，重点围绕测试赛，组织中小学生观赛，开展国际交流活动，研发制订专业课程、教材。

（三）赛时阶段（2022年初）

重点做好我市中小学生作为东道主参与赛事活动，开展冬奥会青少年国际交流项目，各区广泛开展赛事有关宣传活动。

（四）赛后阶段（2022年及以后）

重点做好奥林匹克教育成果的转化工作，支持开展奥林匹克教育研究，形成有中国特色的奥林匹克教育模式。

七、工作要求

（一）加强组织管理

各区要建立完善相应的组织机构，统筹本区奥林匹克教育工作，指导学校创造性地开展好奥林匹克教育，主动维护奥林匹克教育的公益属性，积极向"北京2022"北京市中小学生奥林匹克教育工作小组办公室反馈工作信息。落实学校安全管理要求，细化奥林匹克教育及冬季运动安全保障制度，积极开展冬季运动安全教育，增强学生安全意识。科学合理评估安全风险，切实加强监督检查，促进学校不断提高安全管理水平。

（二）加大支持力度

各区教育部门要加大经费投入力度，对奥林匹克教育、冬季体育项目给予倾斜。以公益活动为原则，鼓励和引导社会资金，多渠道增加投入。完善政府向社会力量购买公共服务机制，通过加大资金、人员、技术等投入对发展中小学生奥林匹克教育和冬季运动给予支持。各区可结合实际制订对中小学生冬季运动推广普及奖励办法，对做出突出贡献的社会组织和个人予以奖励。

（三）推动场馆建设

鼓励有条件的学校建设冰雪运动场馆设施，坚持因地制宜、形式多样、注重实效的原则，充分利用季节特点及场地资源条件优势，在校园内建造冰场或仿真冰场，以及其他冰雪运动辅助设备设施。同时，创建北京市青少年冰雪校外活动中心,为广大学生提供学习体验冰雪运动安全、有效、可持续发展的场馆设施条件。

(四)广泛宣传推广

在北京奥组委官方网站和市教委官方网站开设奥林匹克教育频道。同时,通过选择重点传统媒体进行深度宣传。与平面媒体合作,推出图片新闻、专栏及专版或专访等重点篇幅稿件;在广播媒体安排专访、专题节目等内容;与电视媒体合作,开办以冬季奥林匹克教育为主题的电视节目或栏目,安排专访、专题节目等内容;通过网络媒体播出新闻、专题、访谈和视频新闻;通过微博、微信公众号等媒体进行文化、知识的宣传、推广与普及。

北京市教育委员会
北京市体育局
北京冬奥组委新闻宣传部
2018年7月6日

附录五 历届夏季奥运会基本情况

项目届次	时间	国家	城市	国家地区	运动员	项目	单项	金牌前三名
1	1886	希腊	雅典	13	311	9	42	美、希、德
2	1900	法国	巴黎	21	1330	17	60	法、美、英
3	1904	美国	圣路易斯	12	625	14	67	美、古、德
4	1908	英国	伦敦	22	2034	21	104	英、美、瑞
5	1912	瑞典	斯德哥尔摩	28	2547	14	106	瑞、美、英
6	1916(因第一次世界大战取消)							
7	1920	比利时	安特卫普	29	2607	22	154	美、瑞、英
8	1924	法国	巴黎	44	3092	18	137	美、芬、法
9	1928	荷兰	阿姆斯特丹	46	3014	15	120	美、德、芬
10	1932	美国	洛杉矶	37	1048	15	124	美、意、法
11	1936	德国	柏林	49	4066	20	142	德、美、匈
12	1940(因第二次世界大战取消)							
13	1944(因第二次世界大战取消)							

续表

项目届次	时间	国家	城市	国家地区	运动员	项目	单项	金牌前三名
14	1948	英国	伦敦	59	4099	18	138	美、瑞、法
15	1952	芬兰	赫尔辛基	69	4952	17	149	美、苏、匈
16	1956	澳大利亚	墨尔本	67	3184	17	148	苏、美、澳
17	1960	意大利	罗马	84	5348	17	150	苏、美、意
18	1964	日本	东京	94	5140	19	162	美、苏、日
19	1968	墨西哥	墨西哥城	112	5531	18	182	美、苏、日
20	1972	德国	慕尼黑	121	7147	21	195	苏、美、东德
21	1976	加拿大	蒙特利尔	88	6189	21	198	苏、东德、美
22	1980	苏联	莫斯科	81	5872	21	203	苏、东德、保
23	1984	美国	洛杉矶	140	7616	21	221	美、罗、西德
24	1988	韩国	汉城	160	8465	23	237	苏、东德、美
25	1992	西班牙	巴塞罗那	172	10 632	25	257	独联体、美、德
26	1996	美国	亚特兰大	197	10 749	26	271	美、俄、德
27	2000	澳大利亚	悉尼	199	10 305	28	300	美、俄、中
28	2004	希腊	雅典	202	11 099	28	300	美、中、俄
29	2008	中国	北京	204	11 438	28	302	中、美、俄
30	2012	英国	伦敦	205	10 568	26	302	美、中、英
31	2016	巴西	里约热内卢	205	11 303	28	306	美、英、中

附录六 历届冬季奥运会基本情况

项目届次	时间	国家	城市	国家地区	运动员	金牌前三名
1	1924	法国	夏蒙尼	16	258	挪、芬、奥
2	1928	瑞士	圣莫里茨	25	464	挪、美、瑞典

续表

项目届次	时间	国家	城市	国家地区	运动员	金牌前三名
3	1932	美国	普莱西德湖	17	252	美、挪、瑞典
4	1936	德国	加米施-帕滕基兴	28	646	挪、德、瑞典
5	1948	瑞士	圣莫里茨	28	669	瑞典、挪、瑞士
6	1952	挪威	奥斯陆	30	694	挪、美、芬
7	1956	意大利	科蒂纳丹佩佐	32	821	苏、奥、芬
8	1960	美国	斯阔谷	30	665	苏、德、美
9	1964	奥地利	因斯布鲁克	36	1091	苏、奥、挪
10	1968	法国	格勒诺布尔	37	1158	挪、苏、法
11	1972	日本	札幌	35	1006	苏、东德、瑞士
12	1976	奥地利	因斯布鲁克	37	1123	苏、东德、美
13	1980	美国	普莱西德湖	37	1072	苏、东德、美
14	1984	南斯拉夫	萨拉热窝	49	1272	东德、苏、美
15	1988	加拿大	卡尔加里	57	1423	苏、东德、瑞士
16	1992	法国	阿尔贝维尔	64	1801	德、独联体、挪
17	1994	挪威	利勒哈默尔	67	1937	俄、挪、德
18	1998	日本	长野	72	2176	德、挪、俄
19	2002	美国	盐湖城	77	2399	德、挪、美
20	2006	意大利	都灵	80	2508	德、美、奥
21	2010	加拿大	温哥华	82	2566	加、德、美
22	2014	俄罗斯	索契	87	2873	俄、挪、加
23	2018	韩国	平昌	92	2914	挪、德、加

后 记

时光荏苒,北京夏季奥运会的成功举办已过去了 12 年,而北京冬季奥运会举办日期日益迫近。在奥林匹克运动中,奥林匹克教育处于核心地位,也是奥林匹克运动的出发点和归宿。依照 1992 年《奥林匹克宪章》第四章规定,各国家或地区奥委会有职责在所在国家或地区的学校体育计划中促进"奥林匹克运动"的传播。

2008 年北京夏季奥运会的赛会志愿者主体是大学生,人数约 7 万人。2022 年冬季奥运会志愿者需要约 2.7 万人,主体也应该是大学生。作为关注奥林匹克运动重要群体的大学生,了解奥运会的相关知识也就成为其必备的基本素质之一。弘扬北京夏季奥运会志愿者精神,传播奥林匹克思想,普及奥林匹克运动教育,开展奥运科普群众活动,是提高我国公众特别是青少年的科学素养的直接途径。

我国在中小学推行奥林匹克教育。在普通高校中,近二十年来,包括北京大学、西北工业大学在内的多所高校举办了诸如"支持北京申奥万人签名"等活动,开设了奥林匹克运动教育相关课程,为北京举办一届"有特色,高水平"的运动会服务提供了有力支持。随着北京冬季奥运会的临近,相关奥林匹克教育必将掀起新的高潮。愿大学生在展翅飞翔的同时,关注奥运,投身奥运!愿本书的出版使关注北京冬季、夏季奥运会的读者能够更全面系统地了解奥林匹克运动!